Cómo trabajar con personas difíciles y tóxicas

La vía del diálogo y el apoyo antes que la sanción

Madrid, 2026

Juan Luis Urcola Tellería
Nerea Urcola Martiarena

Cómo trabajar con personas difíciles y tóxicas

La vía del diálogo y el apoyo antes que la sanción

Enero, 2026

© 2026, ESIC EDITORIAL
Avda. de Valdenigriales, s/n
28223 Pozuelo de Alarcón (Madrid)
Tel.: 91 452 41 00
www.esic.edu/editorial
@EsicEditorial

ISBN: 978-84-1192-223-4
Depósito Legal: M-449-2026

Diseño de cubierta: Zita Moreno Puig
Maquetación: Santiago Díez Escribano
Lectura: Myriam Mieres
Impresión: Gráficas Dehon

Un libro de

Impreso en España – *Printed in Spain*

Este libro ha sido impreso con tinta ecológica y papel sostenible.

Índice

Introducción

Decía el famoso filósofo griego Heráclito (500 a. C.) que «una persona no puede bañarse en el mismo río dos veces, puesto que el río y la persona no son los mismos». Tal reflexión es muy cierta y oportuna, puesto que desde que el origen de los tiempos todo ha estado en permanente cambio, si bien hemos de indicar que la velocidad con que vienen produciéndose es cada vez mayor; de ahí que los cambios que experimentamos en la actualidad se esten desarrollando a una velocidad muy superior a la que ha habido nunca.

Los cambios a los que nos venimos refiriendo se han producido en todos los ámbitos de la vida, de la sociedad y, por supuesto, de la empresa. Así, tenemos los cambios derivados del desarrollo tecnológico, de los avances generados por la investigación médica pasando por cambios políticos hasta llegar a los cambios sociales.

En todo este recorrido, la empresa ha sido uno de los elementos que más ha cambiado en los últimos años. Conceptos como *inteligencia artificial, dirección participativa, estructuras matriciales* o *industria 4.0* irrumpen permanentemente en nuestras conversaciones.

En los últimos años, una larga lista de innovaciones ha servido a las empresas como palanca para mejorar sus procesos, posicionarse en el mercado, diferenciarse, llegar a más clientes y a más lugares del mundo. Es lo que se conoce como *industria 4.0*.

El concepto *industria 4.0* fue acuñado por Klaus Schwab en el Foro Económico Mundial del 2016. El autor sostenía que, si la tercera revolución industrial fue la digital desde mediados del siglo XX, con la aparición de Internet, la cuarta época está marcada por avances tecnológicos en una serie de campos como la robótica, la inteligencia artificial, la nanotecnología, la computación cuántica, la biotecnología y la impresión 3D.

Sandra Martín García nos recuerda en su libro *Sintoniza tu equipo* (2024) que, a mediados del 2016, la BBC avisaba que los robots integrados en sistemas ciberfísicos serían los responsables de una transformación radical en las organizaciones. Actualmente existen para ella dos certezas que son paradójicas: «Los datos y la incertidumbre». El análisis de datos ha permitido que las organizaciones den el salto a los mercados, a productos cada vez más sofisticados y a modelos de negocio que requieren actuaciones mucho más rápidas; en consecuencia, todo el mercado sociolaboral se ha transformado radicalmente.

En un orden interno, han cambiado los horarios laborales, el concepto de conciliación, el lugar de trabajo, la potenciación del teletrabajo, así como las relaciones con los mandos, entre compañeros, y con los clientes y proveedores.

Como consecuencia de lo apuntado, son muchos los paradigmas que se han desintegrado en el ámbito de lo social y que afectan de forma directa a la empresa.

Podríamos citar los siguientes casos a modo de ejemplo:

- La persona que dirige un equipo de trabajo no tiene por qué estar en el mismo edificio que sus colaboradores; puede estar en otra ciudad, en otro país, e inclusive en otro continente. O, lo que viene a ser lo mismo, el equipo de colaboradores puede estar distribuido por el mundo y darse el caso de dirigir a personas con las que nunca, o muy escasamente, se mantiene un contacto presencial y personal.

- La persona puede teletrabajar y realizar sus funciones y tareas profesionales desde su casa.

- Se puede comprar prácticamente cualquier producto, en cualquier parte del mundo, desde el ordenador o desde un móvil, sin salir de las instalaciones de la empresa en muy poco tiempo.

- No va a hacer falta personal en el mostrador de las compañías aéreas, ya que todo viajero deberá efectuar sus trámites y gestionar la facturación de sus maletas a través de sistemas robotizados, al igual que no hará falta personal en los supermercados para efectuar el pago de las compras que hagamos.

- El paradigma sobre la propia salud también ha cambiado y en los momentos actuales es la primera preocupación para la mayor parte de los ciudadanos junto con la vivienda.

Así podríamos continuar durante muchas páginas.

Todos estos cambios son extraordinarios cuando mejoran la vida de las personas; sin embargo, nuestra sensación es que, aunque en muchos casos todas estas innovaciones han traído progreso y una cierta comodidad a nuestra vida, en otras muchas situaciones están acarreando una brecha digital, aislamiento, soledad, dificultades relacionales, frustración y desapego con la organización en la que se trabaja.

Antes de la pandemia, los expertos ya nos avisaban de que en pocos años el gran problema que tendrían las empresas respecto al personal sería la fidelización y la retención de las personas debido a que también el paradigma del compromiso con la organización ha cambiado. Contamos con las personas más preparadas de la historia, pero, como vulgarmente se suele decir, son personas que «no se casan con nadie» y permanecen en la organización mientras la labor que realizan les resulte estimulante, ni un segundo más.

Por si esto fuera poco, la irrupción del covid lo ha acelerado todo todavía más y actualmente se ha desencadenado en muchos lugares y ámbitos un cierto deterioro del clima laboral y una situación de malestar generalizado.

Muchas personas parecen vivir en estos momentos más centradas en sus derechos que en sus responsabilidades; nunca ha habido niveles tan altos de rotación laboral y absentismo como lo hay ahora. Aunque es verdad que los datos varían según el sector y la comunidad, zonas geográficas de España como es el caso de Euskadi y Navarra tienen cifras de absentismo laboral que suponen récords históricos.

Afortunadamente, hoy en día se han conseguido muchos logros y derechos sociales en pro de la igualdad de todas las personas, derechos por los cuales hay que seguir luchando, como dar voz a denuncias que hace unos años hubieran sido impensables. Pero, al igual que toda moneda tiene una cara y una cruz, en el caso que nos ocupa, esto ha traído también en muchos casos la falsa creencia de que cualquier cosa es denunciable. Hoy en día, por ejemplo, se está dando en las empresas la realidad de tener que aplicar protocolos de acosos a situaciones en las que no existen tales acosos, así como falsas denuncias que se efectúan para obtener privilegios, especialmente para conseguir tener una menor presión en la carga de trabajo.

Todo esto hace que dirigir hoy sea mucho más difícil que hace diez años y que dirigir hoy sea mucho más fácil que hacerlo dentro de diez años.

Dirigir hoy es más difícil porque:

* Han cambiado las prioridades de las personas dirigidas. Son muchas las personas que no buscan tanto incrementar sus salarios, pero sí disponer de más tiempo libre.

* Los retos son cada vez mayores y complejos.

* Ha aumentado la presión sobre los objetivos.

* Las personas cada vez son más exigentes en la forma en la que desean ser lideradas.

* El nivel general de compromiso con el trabajo ha bajado y el de compromiso con la organización, todavía más.

* Hay perfiles cada vez más difíciles de captar y de gestionar.

* El sistema disciplinario, con frecuencia, no protege al mando y este tiene que llevar a cabo el ejercicio de su labor con delicadeza y mucho tacto para no sufrir denuncias de acoso.

Ante este escenario, tenemos como siempre varias alternativas.

Podemos enfadarnos con el mundo y pasar el día renegando sobre el cambio de valores producido, repitiendo frases como «ya nada es como era», pero lo que no podemos hacer es rendirnos ante las dificultades, para lo cual debemos desarrollar habilidades y herramientas que nos permitan gestionar estas situaciones.

Esta es la razón por la que nos hemos animado a escribir este libro dirigido a las personas que lideran equipos humanos con el fin de hacerles ver lo que supone conducir y gestionar equipos de trabajo en los momentos actuales, pero, sobre todo, facilitarles una serie de orientaciones prácticas y de herramientas para la debida gestión de las personas en general y de las difíciles, problemáticas, e inclusive tóxicas en particular.

O, lo que es lo mismo, pretendemos orientar la dirección de personas y el liderazgo de equipos de trabajo, en especial cuando se trata de hacerlo con personas difíciles, no como un medio de acuñar fórmulas y recetas aplicables de inmediato, sino como un substrato para la toma de conciencia de los aspectos mejorables de forma que permita el nada fácil cambio de comportamientos, así como orientar y asumir los criterios de un buen hacer profesional con el fin de obtener los mejores rendimientos y potenciar la satisfacción de los colaboradores.

Este libro quiere, ante todo, poner en valor que la gran mayoría de las personas que trabajan en una organización son buenos profesionales y tienen el derecho a ser bien dirigidas y lideradas. En manos de la dirección de las personas está en gran medida la salud de una organización, pero no lo está al 100%, ya que en todas las organizaciones desgraciadamente hay cada vez más personas difíciles, algunas incluso con actitudes tóxicas que también deben gestionarse. Este libro quiere así ofrecer un abanico de las muchas situaciones que actualmente puede encontrase cualquier persona que dirige equipos, así como numerosas soluciones y herramientas para su gestión.

Por tanto, pretendemos potenciar la toma de conciencia por parte de los mandos de los comportamientos y hábitos que conviene adquirir con el fin de efectuar una gestión adecuada de las personas problemáticas, difíciles e incluso de las tóxicas que les han tocado en la «tómbola» directiva. Trata de que asuman la responsabilidad de su gestión, así como del desarrollo profesional de las personas a su cargo para el logro de los objetivos establecidos, y de facilitar los instrumentos y las herramientas necesarias para que las labores de mando y supervisión se desarrollen con la máxima eficacia dentro de unas condiciones satisfactorias de clima y relación, así como de suministrar a los lectores información sobre las nuevas dimensiones y tendencias que se vienen desarrollando en la gestión de personas difíciles y de las tóxicas.

Finalmente, sin pretender hacer un *spoiler* del libro, sin querer descubrir las claves de la gestión de personas difíciles, sí nos parece oportuno poner de manifiesto los ejes básicos sobre los que hemos construido este libro que ahora te presentamos y que son los siguientes:

- Admitir que hay personas que, hagamos lo que hagamos, no van a cambiar nunca sus comportamientos inadecuados mientras ellas no quieran cambiar. Es positivo y bueno para todos no perder la esperanza; es cierto que de vez en cuando surgen milagros, pero no hay que ser ingenuos. Por tanto, debemos tratar de gestionar cada situación con los medios y las posibilidades que en cada momento podemos contar.

- Debemos tener claro que, en el medio y largo plazo, es más efectivo y resulta más beneficioso, práctico y útil potenciar el diálogo, la confianza, el apoyo personal y la paciencia que la aplicación de amonestaciones y castigos.

- Las sanciones, que en ocasiones hay que aplicarlas, se deben reservar para situaciones extremas.

- Finalmente, no olvidemos que, si bien es preciso gestionar a las personas difíciles y a las tóxicas para evitar que se produzcan efectos contagiosos en el resto de los compañeros, es mucho más provechoso e importante centrarse en los buenos trabajadores y cuidarlos.

1

La dirección y gestión de personas hoy

1.1. La apasionante tarea de la dirección

Cuando en las sesiones de trabajo que llevamos a cabo con directivos y mandos de las empresas con las que nos relacionamos les preguntamos por las dificultades que encuentran en el ejercicio de su desempeño, especialmente en lo referente al ámbito de la dirección de personas, nos encontramos con respuestas tales como:

- Sentimos que cada vez hay una mayor distancia entre la dirección y los mandos por una parte y el personal de la empresa por la otra. Parece como si existiesen dos bandos enfrentados.

- Las empresas tienen necesidad de potenciar una cultura de mayor participación de las personas trabajadoras en la gestión. Existe una gran resistencia al cambio cultural.

- Los trabajadores soportan cada vez peor la presión en el trabajo. Pretenden lograr resultados exitosos sin esfuerzo y sin mucho trabajo. Hay poca tolerancia a la frustración.

- Faltan líderes que ilusionen a las personas trabajadoras con un proyecto empresarial claro y comprometedor.

- Se echa en falta un mayor compromiso y una mayor responsabilidad con los objetivos que se quieren lograr. Muchas personas se limitan a cumplir «justo» con lo que se les manda.

- El personal no tiene claras las prioridades y vive el día a día sin rumbo ni horizonte.

- Han cambiado las prioridades de las personas a las cuales se dirige. Antes, se valoraba en mayor medida el dinero; ahora se valora cada vez más reducir la jornada de trabajo y disponer de más tiempo libre.

- Las organizaciones cuentan con comités y sindicatos poco preparados en el ámbito de la empresa y eso hace que muchas veces los idiomas en los que se habla sean completamente opuestos.

- Cuesta encontrar lealtad y fidelidad en las relaciones empresariales. Estas cada vez son más efímeras. El teletrabajo contribuye a que haya menor presencia física en la empresa, así como una menor identificación con la empresa.

- Aunque se demanda una mayor participación, cuesta encontrar proactividad, así como que las personas propongan ideas y mejoras.

- Cada vez se respeta menos la dirección y la jerarquía.

- Existe mucho individualismo. Las personas anteponen el yo al nosotros y cuesta tanto trabajar en equipo como entre departamentos.

- La comunicación es escasa y no llega en la forma adecuada.

- Las personas piensan más en sus derechos que en sus responsabilidades.

- Hay muchas personas desmotivadas, alto absentismo y cada vez hay un mayor número de personas disconformes, quemadas, para las cuales, se haga lo que se haga, todo está mal.

Ninguna de estas frases es nuestra. Todas ellas son comentarios que se repiten con frecuencia de personas que dirigen equipos en las empresas con las que trabajamos.

A la vista de la lista expuesta, podemos concluir que dirigir en los tiempos actuales no es tarea fácil, sino al contrario: cada vez resulta más difícil.

Quizás por ello actualmente se habla tanto del fenómeno *quiet ambition* que crece entre la Generación Z y que está sacudiendo notablemente el ámbito laboral. Cada vez son más las personas que no aspiran y deciden escapar de los cargos de responsabilidad al no entrar entre sus prioridades la promoción y el progreso profesional como referente de realización personal.

Y si este fenómeno es general, se intensifica en mayor medida en los jóvenes, donde son mayoría los que quieren escapar de trabajos que tengan responsabilidad y desean trabajos con menos presión, que les produzcan menos estrés y, sobre todo, que les ofrezcan lo que para ellos es mayor bienestar.

Los duros datos de una encuesta realizada por la firma VISIER en 2023 a mil adultos que trabajan a tiempo completo revelaban que solo el 38% de las personas empleadas estaban interesadas en convertirse en mandos, mientras que el 62% restante prefieren ser dirigidas y hacer lo que les señalen otros.

Estamos convencidos de que, si repitiéramos actualmente esa pregunta a una muestra mayor, el número de personas que desean aspirar a un puesto de mando sería aún más bajo.

Todo esto nos lleva a tomar conciencia de que la tarea de dirigir en la actualidad es más difícil que en otras épocas y, sin embargo, al mismo tiempo, es más necesaria que nunca.

Sin duda, la función de dirección es una apasionante tarea que ha ido evolucionando a lo largo de los años, pero requiere de personas con vocación de servicio y deseo de contribuir a la creación de organizaciones mejores.

A lo largo de los años, los estilos de dirección también han evolucionado. Hace no demasiado tiempo, el estilo que prevalecía era el autoritario o paternalista. Hoy en día cuesta mucho escuchar a un mando defender un estilo de este tipo. Creemos que, gracias al trabajo de muchas personas que han tratado y tratan de potenciar una dirección más participativa, hoy resulta incluso políticamente incorrecto defender un estilo autoritario, lo cual no significa que no se siga practicando mucho más de lo procedente.

Nosotros llevamos más de veinte años luchando incansablemente por el desarrollo y la implantación de modelos de dirección participativos en las empresas con las que colaboramos y, tras los años de experiencia, tenemos que reconocer que todavía falta mucho camino por recorrer.

En 2017 publicamos el libro *Dirección participativa* (Urcola, J. L. y Urcola, N., 2017), para el cual llevamos a cabo un estudio exhaustivo de la participación percibida y demandada en las empresas de nuestro entorno.

A modo de resumen, una de las principales conclusiones que obtuvimos fue que la percepción y la práctica del nivel de participación de los trabajadores en las empresas públicas, privadas y cooperativas vascas es muy bajo.

Asimismo, según las personas que participaron en nuestro estudio, directivos, mandos y trabajadores, la gran mayoría de ellos señalaron que deseaban participar más en las empresas en las que trabajaban. Sin embargo, lo más doloroso fue descubrir que cuando se les preguntaba qué demandaban a sus mandos para tener cotas mayores de participación, un 54,2% de ellas contestaron que «sentirse escuchadas». No demandaban mayor participación en la definición de los objetivos, en la organización de los procesos de trabajo, en la toma de decisiones… sino ser escuchadas.

Esto nos llevó a concluir que hoy en día no se tiene un conocimiento preciso del concepto de participación, ya que para muchas personas se limita a poder opinar, a ser escuchadas, incluso a que tengan posibilidades de criticar las decisiones que toman otras personas; eso sí, sin que ello los lleve a asumir mayores cotas de compromiso y responsabilidad.

Lograr que una organización pase de un estilo autoritario a otro participativo no es fácil y lleva tiempo. En primer lugar, porque, aunque las personas digan que quieren participar, cada vez cuesta más que quieran adquirir más responsabilidades y, en segundo lugar, porque las personas que están en puestos de dirección, en general, no están preparadas, formadas ni entrenadas para generar dinámicas participativas con sus equipos. Claro está que la combinación y suma de ambas variables es letal.

Actualmente conviven a la vez, podríamos decir que incluso en la misma empresa, diferentes estilos de dirección. Pero, con independencia del estilo que prevalezca en cada situación, lo que caracteriza al directivo actual es básicamente el ser una persona profesional que domina un área técnica específica en el ámbito de su actividad, pero que tiene grandes dificultades para coordinar y lograr resultados a través de otros, y la problemática de las personas queda al margen de sus principales actividades profesionales.

Se puede afirmar, y con razón, que nada es menos nuevo que las funciones directivas. Desde siempre, toda actividad humana ha sido dirigida y llevada a cabo de acuerdo con un plan y un proyecto coherente, por simple y elemental que fuese. Sin embargo, las técnicas de dirección no han sido reconocidas como algo profesional, con un preciso *label* científico, hasta fechas muy recientes, cuando los modelos actuales de dirección distan mucho de los que se practicaban hasta hace relativamente pocos años.

Nosotros consideramos que las personas y su dirección es el factor diferencial más importante de las empresas, y su gestión se ha convertido en el principal factor capaz de generar ventajas competitivas.

Sin ánimo de ser exhaustivos, conceptos como *compromiso*, *equipos de alto rendimiento*, *participación*, *evaluación del desempeño*, empowerment, *gestión del talento*, *sostenibilidad*, *bienestar organizativo*, *absentismo*, *liderazgo transformador* o *ética empresarial* se han desarrollado básicamente en este último periodo, sin olvidar la plena integración de la mujer en los ámbitos profesional y gerencial.

Y este proceso, tengámoslo absolutamente claro, no se va a detener. Las actuales tendencias en la organización de empresas y en la gestión de las personas se orientan, cada vez en mayor medida, hacia el aprovechamiento óptimo de los conocimientos, las capacidades y las voluntades de las personas que integran los equipos de trabajo. La competitividad actual requiere de gestores profesionales preparados y con capacidad de influir en sus colaboradores para llevar adelante los cambios que se avecinan; en definitiva, se va a precisar cada vez en mayor medida de mandos que sepan **dirigir** personas.

1.2. Pero ¿qué entendemos por dirigir personas?

Por muchos cambios que se den en la sociedad y en nuestras organizaciones y por muy diferentes que sean los estilos de dirección que conviven en nuestras empresas, hay algo que todavía permanece constante a lo largo de la historia de la humanidad y es que cada vez que un colectivo de personas pretenda conseguir algo debe haber alguien que las dirija. Sin ello, el caos está asegurado.

De ahí que dirigir es conducir a las personas al logro de uno o varios objetivos.

Podremos llevar a cabo ese reto de manera más autoritaria o participativa, pero las personas y los equipos en estos entornos tan inciertos en los que vivimos necesitan más que nunca que les orienten hacia dónde encaminar sus esfuerzos.

Los entornos VICA, o sea, entornos cambiantes donde predomina la velocidad, la incertidumbre, la complejidad y la ambigüedad, requieren de personas que sepan dónde están y a dónde quieren ir. Cuanta más niebla haya en un lugar, más necesitaremos que alguien encienda una luz y nos guie en medio de la oscuridad.

Por ello, entendemos que **dirigir es conducir, orientar, movilizar a otras personas hacia el logro de objetivos**. Es conseguir que esas personas hagan lo que tienen que hacer, o sea, cumplir con la tarea encomendada de la mejor manera posible y, a ser posible, disfrutando del proceso.

De ahí que en todo proceso directivo haya tres elementos básicos fundamentales que debemos considerar y son los siguientes:

1. Una persona que dirija: directivo o mando.

2. Unas personas que ejecuten: colaboradores.

3. Unos objetivos que lograr, unas tareas que desempeñar y unas acciones que realizar de acuerdo con unas normas previamente establecidas.

Hemos dicho que actualmente cuesta más y resulta más complejo lograr la proactividad de las personas, conseguir que den lo mejor de sí mismas, lograr que entreguen a una organización no solo las horas estipuladas por un contrato, sino también su voluntad de ofrecer su mejor versión; por ello entendemos también que dirigir es coordinar los esfuerzos, la inteligencia y la voluntad de las personas asignadas para obtener resultados que solos o con el esfuerzo aislado no sería posible obtener.

Se puede pedir a los colaboradores que cumplan con sus obligaciones, con las tareas estipuladas, pero no se puede obligar a nadie que entregue su voluntad. El ordeno y mando es relativamente fácil; sin embargo, el compromiso, la implicación, el entusiasmo y la entrega de la inteligencia hay que ganárselos día a día. Esto supone y exige que todo mando deba ser un especialista en personas. A las personas no nos motivan las mismas cosas y no solo eso, sino que a cada persona le van motivando diferentes aspectos a lo largo de la vida.

Las personas que saben dirigir bien son muy buenas observando, escuchando, preguntando, entendiendo y anticipándose a los problemas que puedan surgir en el ejercicio del desempeño laboral de sus colaboradores. De ahí que dirigir hoy en día suponga una microcirugía emocional, porque las voluntades no se compran, sino que hay que ganárselas. Para ser especialistas en personas, hay un requisito básico que se debe cumplir y es que las personas nos tienen que interesar, nos tienen que importar, y eso se siente o no se siente.

Dirigir es, por tanto, orientar los conocimientos, los sentimientos, las emociones y las actitudes hacia el logro de un fin.

Por ello, para dirigir es necesario tener en cuenta a las personas tal y como son, con sus conocimientos (lo que saben), sus capacidades (lo que pueden) y sus voluntades (lo que quieren) con el fin de transformarlas incrementando sus conocimientos, mejorando sus capacidades, corrigiendo sus hábitos y modificando sus comportamientos.

Dirigir hoy tiene un elevado porcentaje de componente emocional y eso supone empezar por el propio autoconocimiento y la propia autogestión. No podemos pedir a los demás que hagan cosas si nosotros no las hacemos.

Es muy frecuente que las personas que forman parte de las organizaciones atribuyan todo lo bueno de un mando al liderazgo y todo lo malo a la dirección. Es decir, las personas tienden a creer que motivar, hacer equipo, comunicar bien o desarrollar a los colaboradores son atributos de los líderes porque los jefes solo mandan o imponen. Eso no es así. Hay buenos líderes y otros que nos pueden llevar al abismo, al igual que hay buenos jefes que logran resultados y satisfacen a sus colaboradores, así como mandos tóxicos que son perjudiciales tanto para sus equipos como para la empresa.

Nosotros somos de la opinión que las personas tienen derecho a ser bien dirigidas, a tener mandos eficientes; si además son líderes que ilusionan para llevar a cabo un proyecto, mejor que mejor.

Y, siguiendo en nuestro proceso conceptual, podemos señalar también que **dirigir es obtener el máximo aprovechamiento de los recursos (escasos) disponibles**, optimizar los recursos y las personas puestas a su disposición. Pero, cuidado, porque con esta frase no queremos decir que dirigir suponga exprimir a nadie.

Hace unos años, una clienta nuestra, sabedora de lo mucho que nos gustan los cerezos, nos trajo uno desde el valle del Jerte. Hay que reconocer que, tras varios días de viaje en un año de mucho calor, el arbolito llegó en un estado bastante calamitoso. Tanto fue así que la persona que nos lo regaló lo hizo temerosa y con escasa confianza de que aquella rama seca y larga pudiera sobrevivir. Acogimos el regalo con cariño y sobre todo con la esperanza de recuperarla. Le buscamos la maceta más apropiada y bonita que encontramos, nos informamos sobre su poda, buscamos buena tierra, buen lugar y la cuidamos durante todo un año hasta que vimos que un día, sorprendentemente, empezó a florecer. Hoy en día sigue alegrando nuestro jardín todas las primaveras.

La dirección de personas tiene mucho de esto… ¿Sabemos que las personas con las que trabajamos ocultan en su interior grandes riquezas y valores que no siempre se ven a primera vista? Lo que está claro es que la buena dirección de personas no siempre da resultados rápidos a corto plazo. Para recoger, primero hay que sembrar, hay que invertir, cuidar y saber esperar.

Por todo ello, para nosotros, tal como lo hemos señalado con anterioridad, uno de los mejores conceptos de que disponemos para definir lo que es la dirección es aquel que dice que: **dirigir es hacer hacer siendo responsables de lo que hagan otros.**

Figura 1.1
NUESTRO CEREZO EN FLOR

Fuente: Elaboración propia.

Sin embargo, son multitud los mandos a los que, debido al componente técnico que les caracteriza, les encanta hacer, y cuanto más hacen mejor, porque así se sienten ocupados y encuentran la justificación de no llegar a todo lo que se les pide. Consideran que dan todo lo que pueden y no se les puede pedir más.

Estos mandos tan laboriosos olvidan algo fundamental y es que, mientras ellos están tan ocupados haciendo lo que corresponde hacer, con frecuencia se olvidan de sus colaboradores, produciendo un vacío de dirección, ya que nadie se ocupa del **hacer hacer**. Mientras el mando hacedor está atento a su árbol particular, deja de observar el bosque que debe atender.

La labor principal de toda persona responsable de equipos de trabajo no es hacer, como piensan muchos, sino **hacer hacer** respondiendo ante nuestro superior de los resultados obtenidos.

El hacer tareas propias de los colaboradores es la gran trampa de muchos mandos y se debe a que resulta mucho más sencillo el hacer que el **hacer hacer**. Dirigir es complejo y requiere una permanente atención a todo el proceso de dirección.

Una enfermera no estudió enfermería para ser supervisora de enfermeras. Lo hizo porque le gustaba la salud y le gusta cuidar y sanar a las personas. Al igual que un cirujano no estudió cirugía para mantener una conversación incómoda con otro cirujano de su equipo, sino que lo hizo para operar. Y una arquitecta se preparó durante años para llevar a cabo proyectos atractivos y no para supervisar el trabajo de otras personas. Ahora bien, en cualquiera de los casos, ser enfermera, cirujano o arquitecta es una cosa y otra muy diferente es ser supervisora de enfermeras, jefe de cirujanos o directora de un estudio de arquitectos. En estos casos que hemos apuntado se debe pasar del hacer al hacer hacer siendo responsables de lo que hagan las personas de sus equipos.

En cierta manera, el tratar de hacer conecta con nuestro ego porque en ese hacer nos parece que brillamos más. Sabemos hacerlo, nos gusta hacerlo y nos alimenta la sensación de sentirnos imprescindibles. Sin embargo, el equipo no espera de su responsable que sea alguien que haga, sino que sea una persona que les ayude a hacer.

Un mando se parece mucho a un entrenador de fútbol. Es la persona responsable de preparar adecuadamente a su equipo, de establecer la estrategia de juego, de adecuar a cada uno en su puesto, de decidir la alineación inicial del partido, de establecer modificaciones o correcciones durante este, de analizar los resultados conforme a los objetivos establecidos, de felicitar o amonestar a sus jugadores, pero él no juega el partido, él hace hacer y es el responsable principal de los resultados obtenidos por su equipo, de forma que si estos son negativos de forma sucesiva se pedirá su cabeza, como todos conocemos muy bien.

Y para terminar de exponer lo que entendemos por dirección, debemos señalar que su ejercicio tiene también un gran componente de servicio a las personas a las cuales se dirige, por lo que también podemos señalar que **dirigir es servir a los colaboradores para que logren unas metas previamente establecidas**.

Llegado este punto, es importante evitar equívocos y clarificar el concepto de «servicio» no sea que nos pueda ocurrir lo que le sucedió a una alumna nuestra hace un par de años. El caso que queremos comentar nos pasó con una supervisora de una de las OSI más importantes del País Vasco, quien nos confesó en un taller de trabajo de los que habitualmente realizamos que, desde que nos había conocido, su vida había ido a peor. Obviamente, el comentario nos alarmó e inmediatamente tratamos de entender el motivo de semejante afirmación.

Tal y como nos explicó, ella nos había escuchado decir cuatro años antes que dirigir es servir y nos creyó; por eso se había propuesto seguir nuestra recomendación. Desde que empezó a seguir nuestras indicaciones, dijo literalmente, que «su vida se había convertido en un infierno».

Le preguntamos entonces qué cosas había empezado a hacer bajo el paraguas de su pretensión de servir a sus compañeras y por la respuesta que nos dio parece ser que en aquella ocasión no nos debimos haber explicado lo suficientemente claro, dado que nuestra amiga, con su mejor intención, interpretó el concepto de servicio como que tenía la obligación, cuando veía a una compañera muy cargada de trabajo, de quitárselo y hacerlo ella.

Por ello, queremos aclarar que servir no supone ser servil. Servir supone, con frecuencia, no dar respuestas inmediatas a problemas o preguntas que nos puedan presentar o formular nuestros colaboradores, sino invitarles a que busquen sus propias respuestas y soluciones. Supone delegar responsabilidades para que otras personas crezcan. Supone asumir el reto de evitar que las personas de nuestro equipo tomen decisiones incorrectas. Con la mejor intención del mundo, en ocasiones muchos padres y madres en lugar de servir a sus hijos son serviles con ellos; en lugar de ayudarles a crecer y que busquen la solución a sus problemas, se los resuelven ellos y así no maduran.

Dirigir es estar al servicio, es facilitar, es eliminar obstáculos y proporcionar apoyo y colaboración para que los colaboradores logren los objetivos establecidos.

Por último, no queremos terminar este apartado sin dejar de señalar que **dirigir es la acción de crear y ejecutar el cambio**.

Hoy más que nunca, en un entorno cambiante como en el que vivimos, dirigir es percibir el cambio y ser capaz de llevarlo a buen fin influyendo en los colaboradores para conseguirlo.

Si se está inmerso en la tarea, en el hoy, o como vulgarmente podríamos decir en el «picar piedra», perdemos la visión global y en ese caso tampoco veremos la necesidad de cambiar. Los buenos mandos se anticipan, saben leer las señales de lo que viene, mientras que los malos se pasan la vida reaccionando ante lo que les llega de improviso.

1.3. La necesaria figura de alguien que dirija

Es evidente que el momento actual en que vivimos todo se cuestiona, lo que realizamos o debemos realizar, los modelos y estilos de dirección y, por supuesto, la figura del mando responsable del equipo. ¿Es necesaria la figura de la dirección? ¿Por qué hace falta alguien que dirija y mande? ¿No somos adultos y responsables para dirigirnos a nosotros mismos? Son preguntas que oímos repetidamente.

Los nuevos modelos organizativos y los actuales sistemas de gestión han desarrollado nuevas formas de dirección y liderazgo que han transformado la figura del mando o jefe, pero en ningún caso la han suprimido. Es evidente y correcto que se asuma que ya no es válido el modelo clásico de jefe mandón y autoritario utilizado hasta fechas muy recientes, pero en todo grupo humano que pretenda alcanzar una meta hace falta alguien que lo dirija.

Si pretendemos que un colectivo de personas funcione adecuadamente, es preciso designar un responsable. En un marco donde todos quieran mandar, o donde nadie quiera hacerlo, el caos y el desorden surgirá con toda seguridad.

Por ello, en todo grupo organizado que desee lograr un objetivo hace falta:

• Una persona responsable del resultado final, del éxito o fracaso. No es válido el «todos somos responsables». En tal situación, no lo será nadie.

- Una persona responsable de los medios materiales y humanos otorgados.

- Una persona que marque el camino y la dirección. Alguien que fije objetivos.

- Una persona que esté en lo de todos, mientras cada uno está en lo suyo.

- Una persona que decida, que tenga la última palabra.

- Una persona que controle y supervise a los demás.

- Una persona que haga equipo.

- Una persona que represente al resto cuando hay que tratar asuntos diversos.

- Una persona que motive.

- Una persona que se imponga cuando es preciso. Que resuelva los conflictos.

Al igual que es inconcebible una película o una orquesta sin director, una trainera sin patrón, un equipo de fútbol sin entrenador, una ONG sin un coordinador…, lo es también una empresa sin director y un departamento sin alguien que lo dirija.

1.4. Asumir la función de dirección

A uno o una, un determinado día, la propiedad, la dirección general de la empresa o el órgano delegado correspondiente **le hacen jefe**, le asignan una responsabilidad y le dan unos recursos materiales y humanos para lograr unos determinados objetivos.

Pero una cosa es que a alguien le hagan jefe y otra, muy distinta, que la persona designada asuma y ejerza su papel de mando. Hay muchos directivos y mandos que son jefes en el sentido nominal de la palabra, es decir, les han asignado un cargo, una responsabilidad, así aparecen en un organigrama, pero no lo ejercen en el sentido real. En su tarjeta de visita figuran como jefes de producción, de marketing, del área financiera…, pero en el día a día actúan como un trabajador más, no son jefes reales, y no lo son porque **no asumen su función de jefe**.

A nosotros, el estilo de dirección autoritario no es el estilo que más devoción nos genera; sin embargo, también tenemos que reconocer que hemos respetado y admirado a mandos autoritarios. Al mando que en ninguna circunstancia podemos respetar ni admirar es a la persona que dijo «sí» a un puesto de dirección, pero que de facto no lo ejerce y por tanto deja el puesto vacío y a su equipo huérfano de liderazgo.

A esta patología de mando le llamamos *jefe o jefa desertor o dimisionario* y se puede ejercer a tiempo completo o parcial. Si bien es una patología que puede observarse en cualquier nivel de la organización, quizá sea más frecuente encontrarlo entre los mandos intermedios de las organizaciones a los que de repente les toca dirigir a otras personas que antes eran compañeros de trabajo y junto a los cuales participaban en las críticas a la compañía.

Este cambio de rol, que normalmente nadie te ayuda a hacer, suele acarrear muchos miedos. Miedo a no hacerlo bien, miedo a cómo te van a juzgar tus antiguos compañeros, miedo a ser criticado, miedo a que te digan que te has cambiado de bando, etc., y todo ello suele acarrear comportamientos que simulan parecer menos jefe, más colega, lo cual los lleva a que muchos no asuman, como procede, desempeñar adecuadamente su rol.

Entre la fauna de jefes y jefas que no asumen ni ejercen adecuadamente su función podemos observar a los siguientes:

- *El jefe correo*. Es el que transmite las órdenes superiores hacia abajo y los mensajes de sus colaboradores hacia arriba sin aportar valor alguno en el proceso. Son simples recadistas. Y si esto es ineficiente, hay un hecho grave en los jefes correo que se manifiesta cuando se les transmite una orden que ellos consideran mala para sus colaboradores y lo hacen diciendo: «Ha dicho el director que…», o «Me han dicho que os diga que…», y ya lo fastidian del todo cuando remarcan que ellos no están de acuerdo con la mencionada orden que les viene de su superior inmediato.

- *El jefe colega*. Es aquel que se siente uno más con los compañeros a los que dirige. Le han nombrado jefe, pero él se siente como el coordinador. Le da vergüenza y molesta que le presenten ante terceros como el jefe.

- *El jefe desertor*. Es aquel que está, pero no está. No manda ni dirige, no decide nada y no quiere asumir ninguna responsabilidad.

- *El jefe comodín*. Es aquel que considera que su función es tapar los huecos y agujeros que se producen en momentos puntuales debido a puntas de trabajo, bajas por vacaciones, enfermedades, etc. Es el chico o la chica para todo.

Hemos puesto de manifiesto que existen numerosos jefes que no asumen su función, así como algunas tipologías que en tal sentido se manifiestan en las empresas, pero ¿qué supone asumir la función de dirección? Pues bien, asumir la función de jefe o jefa es:

- *Asumir la responsabilidad del logro de los resultados,* de decidir lo que hay que hacer, supervisar y controlar el rendimiento.

- *Asumir la dirección del equipo* y de cada una de las personas que lo componen. En un orden más concreto: atender su formación, información, motivación, desarrollo, evaluación, corrección y sanción en su caso.

- *Asumir el cambio de rol*. Es pasar de hacer a hacer hacer, es pasar de ser ejecutor a ser mando, es pasar a ser responsable de personas. Ello no nos debe hacer caer en el error de que los jefes no tienen que hacer trabajos de orden técnico, por supuesto que sí, y ello está en estrecha relación con la dimensión del equipo y urgencia de las necesidades que se presentan; lo que pretendemos señalar es que el jefe, además de hacer el trabajo que en cada caso proceda realizar, deberá planificar, organizar, decidir, coordinar, controlar, motivar… poniendo en evidencia que, si él no hace estas funciones, quedarán sin realizarse.

- *Asumir los riesgos* de las decisiones tomadas.

- *Asumir la crítica* de los colaboradores o de los superiores.

1.5. Dirigir personas es una necesidad

Hablamos y escribimos mucho sobre la importancia que las personas tienen en el logro de los objetivos empresariales.

Decimos que las personas son el activo más valioso de las organizaciones, el patrimonio más importante que cada mañana entra en la empresa y sube por las escaleras o ascensores y, sin embargo, en el día a día, las personas son el activo más prescindible, el factor al que menos atención se presta.

Son nuestros comportamientos los que de verdad hablan de nuestras prioridades y no nuestras palabras.

Las tecnologías, los procesos, las estrategias… son muy importantes, pero sin personas adecuadamente dirigidas y comprometidas los resultados esperables serán muy escasos.

Existen múltiples estudios e investigaciones en donde se pone de manifiesto que los clientes se pierden con gran frecuencia, no tanto por tener unos productos o precios no competitivos sino, sobre todo, por el mal servicio o por la inadecuada atención que prestan las personas.

Y resulta evidente que las claves que determinan el éxito empresarial están cada vez más centradas en:

- La rapidez y el acierto en los procesos innovadores.

- La capacidad de adaptarse a los cambios.

- La capacidad de relación con los clientes que posibilite el anticiparnos y satisfacer sus necesidades.

- La adecuada orientación hacia unos objetivos claros.

- La capacidad y preparación de las personas (puedan y sepan).

- El compromiso y la implicación con los objetivos (quieran).

Todos los factores anteriormente relacionados están estrechamente relacionados con las **personas**. No hay innovación sin personas, no hay relaciones satisfactorias con los clientes sin personas, no se pueden lograr objetivos sin personas preparadas y sin las aptitudes y actitudes necesarias.

Las personas son las únicas capaces de utilizar eficientemente los recursos de la organización, aportando su esfuerzo y su inteligencia.

De ahí la importancia y la necesidad de dirigir adecuadamente a las personas, para lo cual es preciso encauzarlas y movilizarlas hacia el logro de objetivos.

Cada vez somos más conscientes de que estamos en un nuevo marco de actuación en el que el trabajo basado en el conocimiento y la información prevalecen respecto al trabajo realizado a través de la fuerza física, donde es preciso ofrecer productos y servicios a los clientes, ya no de una forma estandarizada, sino a la medida de sus necesidades, contar con tecnologías cada vez más avanzadas, operar en mercados complejos, inestables, desregularizados, en los que la competencia proviene de cualquier parte del mundo, y en donde la mejora continua se convierte en una estrategia clave para el mantenimiento y progreso de la empresa.

En este marco, ¿dónde quedan las personas? ¿Valen los sistemas y procedimientos utilizados hasta el momento? Respecto a la primera pregunta, es indudable que las personas ocuparán el núcleo central del sistema. En todas las organizaciones, el conocimiento y la información de que dispongan sus miembros va a ser la materia prima esencial, la auténtica ventaja competitiva para competir en el mercado. De ahí que las personas deben ocupar el protagonismo y el lugar que realmente les corresponde.

Y respecto a la segunda pregunta, es evidente que los sistemas y procedimientos utilizados hasta el momento ya no son válidos en el presente y menos para el futuro. Se requieren nuevos sistemas de gestión en los que las estructuras jerárquicas o departamentales dejen paso a estructuras funcionales, a relaciones basadas en la confianza donde el poder ligado a la jefatura deja paso a la autoridad sustentada en el liderazgo, para lo cual es necesario, además de potenciar la participación y la integración de los trabajadores en la empresa, desarrollar habilidades de dirección, liderazgo, trabajo en equipo, motivación y comunicación.

Por eso, dirigir personas en la forma adecuada, hoy más que nunca, es una necesidad para:

- Sacar el máximo rendimiento de las personas.

- Retener y fidelizar a los mejores colaboradores.

- Obtener y mejorar los resultados.

Por ello, debemos tener muy claro que dirigir personas es una profesión que debe ser desarrollada con arte y responsabilidad.

Hace un par de años preguntamos a una persona, en un taller formativo que desarrollamos en Navarra, qué entendía por comunicación.

Ante esta pregunta, la persona en cuestión, un ingeniero biométrico de una de las empresas tecnológicas más punteras de Navarra, nos dijo que, en su opinión, «comunicar es saber aplicar la ciencia».

Sinceramente, nos sorprendió mucho su respuesta porque estamos mucho más acostumbrados a escuchar respuestas tales como que comunicar consiste en transmitir un mensaje y que otra persona lo reciba correctamente.

Ante nuestra cara de estupor, el ingeniero quiso saber qué entendemos nosotros por comunicación y le contestamos que, para nosotros, comunicar es practicar un arte.

Entonces fue él quien se rió y nos comentó que nuestra visión estaba en las antípodas de la realidad actual, que habíamos quedado desfasados.

No lo creemos así. Reconocemos que nuestro alumno tenía parte de razón al señalarnos que la comunicación tiene tras ella mucha ciencia, pero la buena comunicación también tiene mucho arte.

Hay discursos que técnicamente son perfectos, pero en los que el comunicador no llega al corazón de las personas, debido a que su exposición no tiene el toque mágico preciso, dado que no se ha puesto emoción ni entusiasmo; y, al revés, también hay personas con arte para comunicar pero que, sin embargo, no consiguen buenos resultados por falta de técnica y preparación.

Lo mismo le pasa a la dirección de personas. Dirigir es una profesión y, como tal, requiere de ciencia y método para hacerlo bien, pero todo aquello que tenga que ver con personas nunca es ciencia pura y exacta al 100%; se requiere, además, de un extra de arte para llegar a los corazones.

1.6. Dirigir personas es una profesión

Dirigir personas es una profesión, un oficio que requiere saber, poder y querer. Saber de todo cuanto está relacionado con las personas y con la dirección de estas, poder en el sentido de disponer de las capacidades y habilidades directivas precisas y querer a través de una actitud positiva para el adecuado desempeño de la dirección.

Nuestra experiencia es que en las empresas hay muchos jefes, muchos que mandan, pero pocos buenos profesionales de la dirección. Verdaderamente son pocos los mandos que saben dirigir personas de una forma eficiente.

Muchos piensan que a «jefar» se aprende «jefando» y no es así. La profesión de dirigir también tiene método, como hacer un balance o aplicar una fórmula química, y todo ello hay que aprenderlo.

Resulta relativamente fácil encontrar al frente de los departamentos o secciones de muchas empresas a excelentes técnicos en sus respectivas materias pero malos jefes y, lo que es más grave, a mandos que no tienen conciencia de que dirigen mal a su equipo. Hay muchos grandes jefes que gozan de prestigio técnico, que llevan muchos años dirigiendo gente y, sin embargo, son jefes ineficientes; son unos auténticos patanes dirigiendo personas.

Es evidente que hay muchos jefes que no tienen los conocimientos precisos relativos a las competencias que afectan al ámbito de la dirección de personas; son inconscientes inexpertos en la materia, no disponen de las aptitudes necesarias para mandar, carecen de las actitudes imprescindibles y son insensibles a todo lo que afecta a sus colaboradores. Ello lleva a que muchos trabajadores rindan poco y mal, e incluso a que abandonen las empresas. Tengamos bien claro que, aunque es cierto que actualmente las personas cambian cada vez más de empresa en busca de trabajos que les ofrezcan un mayor salario, un mejor horario, teletrabajo, conciliación o flexibilidad, también es cierto que en la actualidad la mayor parte de las personas **no se van de las empresas, se van de sus mandos**; están hartas de ellos y no los aguantan más.

Hace unos años las personas aguantaban en una empresa por la necesidad de la percepción de un salario y soportaban que se les dirigiera de cualquier manera; hoy no. Nunca hemos tenido plantillas tan preparadas como actualmente. Hoy en día las personas, especialmente las más talentosas, saben que no les costará demasiado encontrar otro trabajo y, ante las malas direcciones, sencillamente, se van.

Antes de la pandemia, los expertos europeos ya nos avisaban de la rotación que viviríamos en unos pocos años. El covid aceleró todos aquellos presagios y hoy en día retener a los mejores profesionales es uno de los retos al que deben hacer frente todas las empresas y para ello necesitan contar con los mejores jefes y jefas.

Pero… ¿a qué se debe que haya tanto jefe o jefa malo? Pues muy sencillo: a que se designa como mandos a personas muy preparadas técnicamente pero con grandes carencias directivas, a personas que no saben lo básico de dirección de personas.

Es frecuente observar en las empresas que, a la hora de designar a una persona como jefe de un departamento o sección, el único criterio o aspecto que contemplan es el de su **competencia técnica**.

Sin embargo, es a todas luces evidente que para ser un buen mando no es suficiente con ser un **buen técnico**, no es suficiente con solo ser competente profesionalmente; hay que serlo también en la dirección de personas.

Para ser un buen mando es necesario:

1. *Ser un excelente técnico en su especialidad,* saber de la materia y de la actividad profesional que desarrolla su cometido, ser competente profesionalmente, pero, sobre todo,

2. *Ser buen gestor de personas,* saber dirigir personas.

Cuando nos encontramos con alguien que conoce y domina a la perfección su oficio, decimos que es un «gran profesional», pero cuando tenemos a alguien que sabe mandar decimos que es un «gran jefe», y esto es lo fundamental.

Y es que dirigir personas es una profesión que actúa sobre:

- *Una materia prima muy compleja,* la más compleja. Los recursos materiales, los sistemas operativos… funcionan de acuerdo a procesos predeterminados, no así las personas. Cada ser humano es un mundo cargado de emociones y sentimientos que lo llevan a actuar de forma imprevisible.

- *Unos métodos y procedimientos* ajustados a las necesidades de cada momento. No hay recetas generales aplicables para todos los casos.

- *Unas herramientas concretas* que es preciso conocer y dominar.

Dirigir personas es una profesión que requiere: **saber, poder y querer**, o sea, disponer de conocimientos básicos, tener un talante específico y unas actitudes concretas.

Estas observaciones nos tienen que hacer reflexionar y, sobre todo, tomar conciencia de la importancia en el momento de designar nuevos jefes de que sean personas capaces de ejercer un liderazgo que posibilite el logro de las metas establecidas al mismo tiempo que facilite el desarrollo profesional de los colaboradores.

1.7. Dirigir personas es un arte

Dirigir personas es también un arte. Hay que reconocerlo: dirigir personas es un arte nada fácil. Lograr objetivos, hacerse con el equipo, ganarse su confianza, el respeto y el reconocimiento de los colaboradores es una tarea que no está al alcance de cualquiera. No basta con desear; hay que esforzarse en el intento.

Como venimos diciendo, verdaderamente la labor de dirección es compleja y requiere que en su realización se contemplen diversas funciones y actividades, todas ellas relacionadas entre sí, tal y como vamos a tratar de exponer seguidamente.

Dirigir bien es un arte al alcance de quienes, teniendo los conocimientos requeridos, ponen en práctica sus habilidades personales y tratan de mejorar en cada una de las ocasiones en las que tienen oportunidad para ello.

Para convertir en arte el ejercicio de la dirección, en primer lugar, hay que querer estar ahí, al frente del equipo. Y, en segundo lugar, al igual que sucede en la práctica de la oratoria, a la hora de dirigir, no hay que imitar a nadie ni pretender parecer perfectos, sino ser como somos, con nuestras fortalezas y debilidades. Para dirigir adecuadamente, la autenticidad es un factor clave.

Todos cometemos errores y las personas con las que trabajamos lo entienden y nos los perdonan; eso sí, lo que no nos van a perdonar nunca es que no nos dejemos la piel en el intento y que se vea o parezca que no se quiere estar ahí. Si a la persona que dirige un equipo de trabajo no le brillan los ojos cada día al frente de sus colaboradores, al girar la cabeza y mirar atrás, verá que nadie está ahí, que nadie le sigue.

Además de esto, para convertir en arte el ejercicio de la dirección, es preciso tener bien presentes y llevar a la práctica los siguientes aspectos:

1. *Saber qué es lo que se quiere lograr.* Si no tenemos claro lo que queremos conseguir es imposible dirigir eficientemente. Por ello, en primer lugar, es necesario tener bien presentes los objetivos que queremos lograr, una visión clara del proyecto que pretendemos alcanzar y desarrollar una actuación por prioridades, para lo cual es preciso distinguir lo principal de lo secundario.

2. *Mostrar cómo hacerlo.* Es obligación de todo mando facilitar a sus colaboradores el modo y la forma de desarrollar su actividad. A tales efectos, debe organizar adecuadamente los recursos técnicos y humanos disponibles adiestrándolos adecuadamente, así como potenciar el trabajo en equipo.

   En el ejercicio de nuestra labor descubrimos con demasiada frecuencia que muchos de los problemas emocionales que se generan en un equipo, tienen su origen en aspectos técnicos no resueltos. El «se supone que sabe lo que tiene que hacer» no se cumple. Las personas y los equipos requieren que se les concrete con claridad lo que se espera de ellos con el máximo detalle posible.

3. *Dejar que lo intenten.* Una vez que se ha señalado lo que hay que hacer y cómo hacerlo, hay que dejar que lo hagan. Es probable que surjan dificultades y cometan algún que otro error. De unas y de otros adquirirán experiencia y madurarán profesionalmente.

   Dejar que lo intenten no significa tampoco abandonarlos en la tarea. Cuántos mandos habremos visto enfadarse porque los miembros de su equipo no habían desempeñado a su gusto lo que se les había pedido.

4. *Observar el rendimiento.* Durante la ejecución de un trabajo, el papel del mando estará supeditado a la debida coordinación de los colaboradores, resolviendo los imprevistos que puedan aparecer, así como las dificultades que se les puedan presentar. Su función principal en esta situación es la de estar a su servicio para resolver los problemas que puedan presentarse, motivarlos y facilitar el logro de sus objetivos. Muchos mandos fallan en el seguimiento. O están encima del trabajo de su gente de manera asfixiante o se olvidan totalmente de ellos.

5. *Medir los progresos.* No es suficiente trabajar intensamente si no se hace en la dirección adecuada, si no se miden los resultados obtenidos. Por ello, tener un sistema de medición adecuado es la primera herramienta de la que debe pretender disponer todo mando. Evaluar el trabajo realizado por los colaboradores, determinando lo que han hecho bien y lo que pueden mejorar con el fin de adquirir experiencias positivas es una habilidad que debe ser practicada por todo mando que pretenda mejorar en el ejercicio de su actividad profesional.

Si no analizamos lo realizado, si no aprendemos de los fallos que cometemos, nos pasará, al igual que sucedía en la famosa película *El día de la marmota*, que los mismos errores los volveremos a repetir una y otra vez.

1.8. Dirigir personas es una responsabilidad

Y dirigir personas es también una **responsabilidad**. Lograr resultados satisfactorios es la misión y responsabilidad de todo mando y, para ello, es necesario asumir el cargo y realizar un desempeño adecuado de la función.

Ahora bien, ¿cómo lograrlos?

Para obtener resultados existen dos caminos o alternativas entre las que tenemos que optar, tal como vamos a exponer a continuación.

A) Hacerlo todo uno mismo.

B) Hacerlo a través de otros.

¿Cuál te parece la mejor?

La primera vía es tratar de **hacerlo todo uno mismo**. Tal y como ya hemos comentado anteriormente, hay muchos mandos que piensan que es más fácil hacer uno mismo que mandar hacer. Por no ver una mala cara, por estimar que no lo van a hacer tan bien como nosotros, por no perder tiempo dando explicaciones, por…, uno lo realiza y punto. Esta vía le lleva al mando a convertirse en imprescindible, situación que a muchos les encanta a pesar de sus quejas y protestas. Pero lo más grave es que este camino lleva también, inevitablemente, a la soledad del mando, a la ineficiencia, al estancamiento del equipo y, por supuesto, al agotamiento.

El segundo camino es **hacerlo a través de otros**. Evidentemente, es mucho más productivo y recomendable, pero no siempre es lo correcto, ya que como veremos a continuación aquí también tenemos dos vías o posibilidades: hacerlo por **P. H.** o por **P. L.**

Y aquí el amigo lector o lectora se preguntará: ¿qué es P. H. o P. L.? Pues muy sencillo: hacerlo **por huevos**, o por ovarios si se prefiere, o hacerlo **por liderazgo**, tratando más de convencer que de imponer.

El camino de conseguir los objetivos o la realización de las tareas «porque lo digo yo» es una opción que a muchos les encanta y la utilizan con bastante frecuencia a través de dos formas diferentes:

A) *Infundiendo temor o miedo a través de amenazas*. Sus mensajes preferidos son: «Como no cumplas con tus obligaciones, puedes prepararte», o bien: «Como no logres las metas, te corto los huevos/ovarios»

B) *Animando ante el reto imposible*. Hay muchos mandos que, conscientes de la falta de medios o ante una tarea de gran dificultad, proponen a sus colaboradores que hay que «echar huevos/ovarios» al asunto.

Como decíamos con anterioridad, ambos caminos tienen muchos seguidores y son muy utilizados, pero hay que ser conscientes de que su eficacia es limitada. Sirven solo a corto plazo.

Tengámoslo claro: actualmente a las personas no se las puede dirigir como se hacía antes. Hoy en día poca gente sigue a alguien por miedo o sumisión; la mayoría lo hace por confianza o por convencimiento.

El camino que sin ninguna duda recomendamos es hacerlo por P. L., o sea, por liderazgo, dando a cada uno los medios, el apoyo y la confianza necesaria para el ejercicio de su labor. Este es el camino que permite ser eficientes a medio y largo plazo.

Cuando ante un problema o una punta de producción, una persona operaria le dice a su mando: «Vendré el sábado porque me lo pides tú, no porque me lo mande la organización», es cuando se ha producido la magia del liderazgo, y eso se gana y se consigue cada día, no se impone.

No olvidemos nunca que dirigir es hacer hacer siendo responsables de lo que hagan otros.

1.9. Funciones clave de dirección

Hemos visto diversos conceptos que, con sus matices diferenciales, nos han situado en la base y sustancia de la dirección, pero esta no es un proceso estático sino dinámico.

Por ello, el ejercicio de la dirección comprende la realización de una serie de funciones básicas o clave que estructuramos en dos grupos:

1. Funciones directivas.

2. Funciones sociales o personales.

1.9.1. Funciones directivas

Entre las obligaciones que conocemos con el nombre de **funciones directivas** están las siguientes (Figura 1.2).

Prever y planificar

La mejor forma de conquistar el futuro estriba en hacer previsiones inteligentes hoy y cumplirlas para que sean eficientes mañana.

Figura 1.2
FUNCIONES DIRECTIVAS

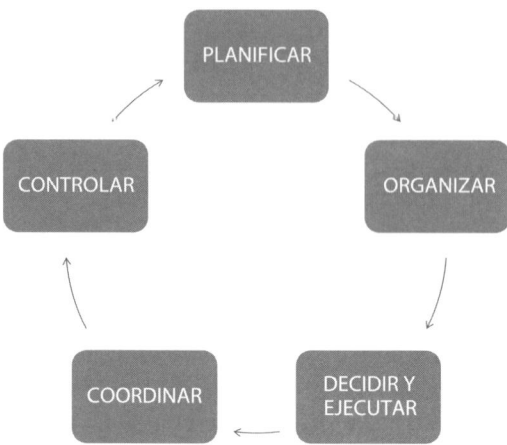

Fuente: Elaboración propia.

Consideramos la planificación como un proceso por el cual un mando proyecta lo que hay que hacer, descubre las posibilidades que se le ofrecen y, según ello, determina unas metas que, siendo realizables por estar basadas en los hechos, son lo suficientemente ambiciosas para garantizar el progreso.

Lo expuesto nos lleva a señalar que todo proceso de planificación parte de un conocimiento en profundidad de la situación en la que nos desenvolvemos y de los hechos, tanto internos como externos, con los que operamos.

La función de planificación debe contemplar:

- *Qué hacer.* Los objetivos que se pretenden lograr deben estar expresados en términos que se inicie con un verbo, con una cantidad, un plazo y un responsable.

- *Para cuándo hacerlo.* Con clara determinación de los plazos e hitos intermedios.

- *Cuántos productos o servicios hay que hacer.*

- *Los riesgos que pueden dificultar u obstruir el logro* de lo que se pretenda conseguir.

Si tenemos más de un objetivo que alcanzar, habrá que **priorizarlos**, ya que no se puede pretender lograrlo todo con la misma intensidad. Establecidos y priorizados los objetivos, es el momento de llevar a cabo los planes para lograrlos.

Lo primero que nuestros colaboradores esperan de sus mandos es una adecuada planificación que convierta todo lo previsible en realizable. Y es que **dirigir es, en gran medida, prever**, o sea, tratar de que las personas que nos aportan sus esfuerzos tengan los menores imprevistos posibles.

Una de las quejas que con más frecuencia escuchamos de los trabajadores hacia sus mandos en las empresas con las que nos relacionamos se resume en la frase: «Vamos como pollos sin cabeza».

Cada vez son más las empresas que trabajan por el bienestar de sus equipos debido a que muchas personas sufren de ansiedad causada por el estrés. Por lo general, el estrés no es la consecuencia del exceso de trabajo, sino que es la consecuencia del sentimiento de pérdida del control, de no saber dónde se va. Un buen jefe o jefa ayuda a poner el foco en lo importante.

Si realizando la función de la previsión surgen con frecuencia situaciones imprevistas que debemos resolver sobre la marcha, ¿qué ocurriría si no la efectuásemos? Pues el desastre.

La previsión requiere determinar «por adelantado» la posible sucesión de las diferentes etapas de nuestro plan, así como el establecimiento de los oportunos **indicadores de medida y progreso**.

De ahí que la previsión sea la tarea preliminar del resto de las funciones directivas y esté presente en todos los niveles jerárquicos de una organización, en especial, de forma más específica e intensa, en los puestos directivos más elevados.

Organizar

Una vez que se sabe qué hay que hacer y para cuándo hacerlo, es necesario determinar **cómo** hacerlo, que es la fase correspondiente a la organización.

Por **organización** entendemos el proceso a través del cual un mando determina los recursos técnicos y humanos necesarios, distribuye y reparte las tareas entre los miembros del equipo, identifica las relaciones e integra las actividades a fin de conseguir los objetivos propuestos.

La labor del mando, en esta fase, es básicamente la de facilitar a sus colaboradores «cómo» hacerlo, para lo cual es preciso establecer la estructura más adecuada, dar la formación y preparación al efecto, elaborar las estrategias pertinentes y establecer los procesos de delegación correspondientes.

Por ello, organizar no debe entenderse como un entrenamiento para algo, sino como la determinación de unos medios debidamente estructurados que nos permitan lograr un objetivo.

Para que la organización de los recursos sea eficaz, es recomendable seguir los siguientes principios:

- *Establecer y disponer de los medios necesarios* para el logro de los objetivos y la realización de las tareas.

- *Asignar a cada colaborador las tareas y responsabilidades* definidas de forma clara y precisa.

- *Comprobar* que los colaboradores saben (tienen los conocimientos necesarios), pueden (tienen aptitudes y habilidades) y quieren realizar adecuadamente su cometido (tienen motivación y actitudes). Si es preciso, se les debe formar y motivar.

- *Unidad de mando*. Ningún colaborador, desde el momento en que ocupa un puesto en la organización, debe recibir órdenes formales de más de una persona.

- *Herramientas de seguimiento y control*. Todo mando cuyo trabajo está sometido a una supervisión periódica debe disponer de la ayuda y de los medios materiales necesarios que le permitan verificar por sí mismo la calidad de su trabajo.

Decidir y ejecutar

La esencia de todo mando es tomar decisiones, es decir, poner en marcha, llevar a la acción aquello que se ha planificado y se ha organizado adecuadamente.

De ahí que en la esencia de todo mando se halle su capacidad de asumir riesgos y tomar decisiones. Sin la mencionada capacidad para decidir, no hay mando ni este se justifica.

Es cierto que un mando debe contemplar múltiples aspectos previos a la toma de una decisión, como son la fijación de los objetivos que lograr, las opciones y alternativas existentes, la elaboración de los correspondientes planes, la organización y coordinación de los equipos, etc. Sin embargo, el momento crucial, el momento en el que se juega el ser o no ser de su profesión está en la toma de decisiones, ya que de ello depende en gran medida el logro de los objetivos. Todas las medidas adoptadas previamente y los conocimientos de que se dispongan deben ser puestos en práctica en esta fase clave de la decisión.

Decidir es un proceso derivado de la libertad y de la responsabilidad humana que se basa en tener que elegir en un momento determinado entre dos o más opciones, para lo cual es esencial la disposición de un criterio (que permita tomar decisiones razonables, objetivas y oportunas), una adecuada información y la aceptación de riesgos asumibles.

Por eso, toda decisión eficiente es el resultado de la adecuada combinación de tres factores:

1. *La información,*

2. *El riesgo,*

3. *La personalidad de la persona que decide.*

En el momento de tomar una decisión, todo mando debe tratar de disponer de la máxima información que permita minimizar el riesgo que se va a correr.

En la toma de decisiones caben varias opciones de participación por parte de los colaboradores, desde la ausencia total a la toma de decisiones sin restricción alguna por parte de estos, y no hay *a priori* una alternativa mejor que otra, ya que la **situación**, la **importancia** de la decisión, su **urgencia**, la **información** disponible y la influencia en la **motivación** de los colaboradores son los factores que determinan el nivel de participación que mejor corresponde a cada situación.

Sobra decir que los mandos que anteriormente hemos calificado como desertores acostumbran a no llevarla a cabo o a practicar muy mal esta función.

Coordinar

Coordinar es establecer y mantener la armonía entre los proyectos, los medios y las personas participantes para alcanzar los objetivos en medio de unas condiciones permanentemente cambiantes.

La función de coordinación tiene su razón de ser básica en comprobar que las tareas se desarrollan conforme a lo planificado y organizado. Si todo funciona de acuerdo con nuestras previsiones, magnífico. Si las máquinas funcionan a pleno rendimiento y los colaboradores están centrados cada uno en lo suyo, el mando puede tomarse un respiro.

Pero esta situación idílica no es frecuente. Es mucho más habitual de lo deseable que tengamos problemas de tipo técnico: máquinas que no funcionan, falta de un producto básico, transportes que no llegan…, pero, sobre todo, problemas de tipo humano: colaboradores que no ejecutan bien su trabajo porque **no saben** hacerlo, **no pueden** efectuarlo o **no quieren** realizarlo.

Si consideramos que los colaboradores **no saben** hacer bien su trabajo, la solución es bastante sencilla. Es suficiente con aportarles la debida formación (conocimientos) o información (datos) que requiere el ejercicio de su función o puesto de trabajo o con darles la oportuna instrucción y entrenamiento a través de las personas más capacitadas hasta comprobar que conocen y dominan su misión.

Si el problema es que **no pueden**, entonces se deberán analizar si las causas son de orden físico, psíquico, social o incluso moral. Hay muchas personas que no pueden realizar adecuadamente su trabajo porque padecen lesiones físicas en una parte de su cuerpo, lo que les impide realizar una determinada tarea con normalidad (un cojo nunca podrá ser extremo izquierdo de la Real Sociedad ni un manco ser un prestigioso pianista); otras tienen problemas de edad, trastornos mentales, etc. El problema de la incapacidad se arregla con la adaptación buscando un nuevo puesto que se ajuste mejor al perfil y las condiciones del colaborador.

Pero el gran problema, y el más frecuente en el ámbito laboral, no es que los colaboradores no sepan o no puedan, sino que **no quieran**. Estos habitualmente tienen sobrados conocimientos para realizar su función, tienen todas las condiciones físicas y psíquicas para efectuar correctamente su trabajo, pero no están predispuestos a ejecutarlo. En esta situación estamos ante un problema de motivación cuyo tratamiento es complejo y al que nos referiremos con amplitud a lo largo de todo un capítulo más adelante.

Durante la coordinación corresponde al mando detectar las desviaciones y resolver los imprevistos que vayan surgiendo a lo largo de la actividad profesional. Esta es una de las actividades que hay que realizar con mayor atención y delicadeza, ya que una actuación improcedente o a destiempo puede producir resultados insatisfactorios.

En cualquier caso, lo que un mando debe propiciar al máximo en la etapa de la coordinación es el éxito de sus colaboradores, supervisándolos adecuadamente y adoptando las oportunas medidas correctivas que les permitan alcanzar los objetivos propuestos. Un mando no debe olvidar nunca que el éxito de sus colaboradores es su propio éxito.

Controlar

La mayoría de los progresos logrados en la gestión empresarial son debidos a las mejoras llevadas a cabo a través de las técnicas de control.

La esencia del control reside en la comparación de los resultados logrados con los previstos, con los considerados como deseables y definidos en el proceso de la planificación.

En nuestra cultura actual, la palabra *control* acostumbra a tener muy mala prensa porque se asocia con un régimen coercitivo o policial, pero el control es necesario. Sin medición y control no puede haber crecimiento ni progreso. Lo que no se mide ni se controla no mejora. La cuestión es cómo llevar a cabo el control de una forma eficiente.

Los elementos esenciales de todo sistema de control son principalmente: disponer de un objetivo previamente determinado y un medio o sistema de medida, a poder ser, cuantitativo. De ahí que lo que no se puede medir resulta prácticamente imposible de controlar.

El control es una función directiva no delegable, si bien ello no impide que para facilitar su ejercicio sea conveniente potenciar el autocontrol o automonitorización, o sea, establecer un sistema de información y las oportunas normas y reglas de juego con las que cada persona colaboradora pueda conocer su progreso en todo momento.

Es importante lograr los objetivos propuestos, pero también lo es aprender de los éxitos o fracasos. Si hemos logrado superar nuestras previsiones, analicemos sus causas y tratemos de repetirlas; por el contrario, si hemos quedado por debajo de ellas, veamos la forma de que en la próxima ocasión corrijamos nuestros defectos. Por tanto, es importante que obtengamos experiencia y aprendamos de nuestros errores para desarrollar las nuevas metas con mayor eficacia.

Por último, si las metas han sido logradas, no olvidemos felicitar a nuestros colaboradores; y si no lo han sido, tratemos de que lo consigan en la próxima ocasión.

1.9.2. Funciones sociales o personales

Y de forma complementaria a las funciones directivas que hemos señalado, todo mando debe desempeñar otra serie de funciones que las conocemos como **funciones sociales o personales** y que son las siguientes (Figura 1.3):

FIGURA 1.3
FUNCIONES SOCIALES O PERSONALES

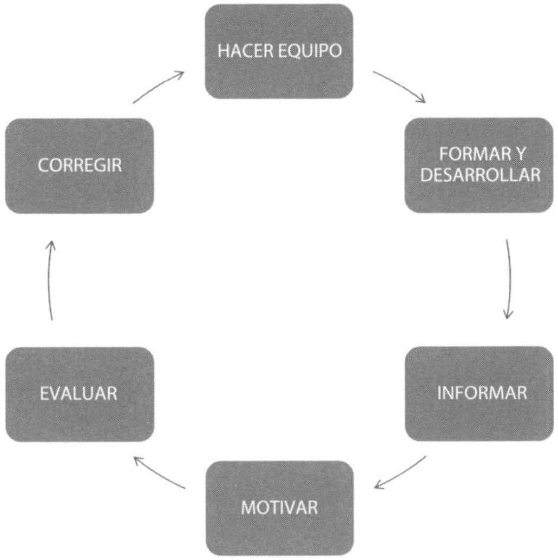

Fuente: Elaboración propia.

Hacer y trabajar en equipo

Las organizaciones tienen la necesidad de alcanzar objetivos y lograr resultados que están vedados o son muy improbables como fruto de la acción individual, y por ello las personas tienen la necesidad de unirse a otras personas dando lugar a lo que todos conocemos por *trabajo en equipo*.

Sin embargo, trabajar en equipo en la empresa actual requiere de un gran esfuerzo por parte de todos tanto en un orden intelectual como emocional. Supone aceptar que solos no somos capaces de alcanzar lo que queremos lograr, aceptar que no tenemos todo el conocimiento necesario, confiar en el trabajo de los otros, defender fuera del equipo las decisiones que hemos adoptado en el seno del mismo aunque no estemos totalmente de acuerdo, contraponer intereses personales o departamentales y, por tanto, estar preparados para entrar en conflicto más de una vez, convivir con personas muy distintas que se aproximan a la realidad de manera diferente a como nosotros lo haríamos, saber pedir ayuda y estar atentos a quien la necesita, compartir los logros individuales con otros y sufrir los fracasos de los compañeros como propios.

Por lo general, no sabemos trabajar en equipo, se carece de objetivos comunes, el individualismo predomina sobre la colaboración, se anteponen los intereses individuales a los colectivos, las competencias internas y los egos hacen que trabajar en equipo sea toda una gesta que solo se lleva a cabo con una firme convicción y la generosidad por parte de todos para ser capaces de aportar y contribuir al éxito colectivo.

Se nos llena la boca diciendo que nos gusta trabajar en equipo, pero la práctica diaria demuestra otra cosa, y cuando el equipo no funciona tendemos a echar la culpa a los demás porque aceptar que nosotros somos parte del problema supone un nivel de autocrítica que no solemos encontrar con facilidad.

Por todo ello, hoy más que nunca, los buenos mandos invierten todos sus esfuerzos en hacer equipo:

1. *Formar*. Como ya hemos señalado anteriormente, el mando es la persona responsable de la formación necesaria de sus colaboradores para el adecuado desempeño de su trabajo, que deberá efectuar directamente o a través de otras personas. Con buenos jefes se crece, con los malos se retrocede.

   La responsabilidad de la formación y del crecimiento profesional de cualquier persona de una organización no es exclusiva del departamento de personas y Talento, sino que, en primer lugar, lo es del responsable directo.

2. *Informar y comunicar.* Asimismo, el mando directo debe suministrar la debida información a sus colaboradores con el fin de que puedan conocer la evolución y situación de la empresa en sus diferentes áreas y con ello lograr su integración en ella.

   Cuando una persona se entera por la prensa o en la calle de algo que afecta a su organización, el compromiso y la confianza de esa persona caen en picado.

   Cuando un mando no se anticipa a comunicar y explicar las cosas a su equipo, alguien ocupará su lugar y probablemente lo haga de la manera en la que menos se quería que sucediera.

3. *Motivar*. El mando directo es la persona responsable de la motivación de sus colaboradores y deberá facilitar el marco más adecuado para que cada uno pueda encontrarla por sí mismo dentro de su actividad ordinaria.

4. *Evaluar*. Todo mando debe efectuar a sus colaboradores una evaluación periódica, lo más objetiva posible, de su actuación profesional con relación a su trabajo habitual con el fin de tratar de proyectar las actuaciones futuras en orden a un mayor desarrollo personal y profesional en el ámbito de la empresa.

5. *Corregir*. Finalmente, aunque no sea una tarea agradable, todo mando tiene la obligación de corregir los incumplimientos de las tareas asignadas, así como de los comportamientos improcedentes.

En este apartado es donde surge la necesaria gestión de las personas difíciles y tóxicas sobre las que realizaremos un amplio desarrollo en las páginas siguientes de este libro.

1.10. Lo que un jefe espera de sus colaboradores y lo que estos esperan de su jefe

Vistos los diferentes estilos de mando existentes y con el fin de avanzar en el conocimiento del proceso de dirección, estimamos oportuno dejar constancia a continuación tanto de lo que un jefe espera de sus colaboradores como de lo que estos desean de su responsable. Veamos cada uno de ellos separadamente.

1.10.1. Lo que el jefe espera de sus colaboradores

Según los estudios e investigaciones de que disponemos, lo que todo mando espera de sus colaboradores es lo siguiente:

En primer lugar, *un buen desempeño de las tareas,* un cumplimiento de sus obligaciones. unos resultados satisfactorios y eficacia en la labor que se desarrolla. Todo esto es básico, pero, además:

- *Iniciativa.* Que efectúen propuestas de mejora. Que no esperen a que se les indique en cada momento lo que tienen que hacer.
- *Colaboración* con la persona responsable del equipo y con los compañeros.
- *Dedicación, implicación y compromiso.*
- *Responsabilidad.*
- *Profesionalidad.*
- *Honestidad, lealtad y obediencia. Cordialidad. Respeto.*
- *Afán de superación.*

1.10.2. Lo que los colaboradores esperan de su jefe

Por su parte, lo que los colaboradores esperan de su jefe es lo siguiente:

- *Que los dirijan con eficiencia.* Que les señalen claramente lo que tienen que hacer. Que los guíen hacia objetivos y metas concretas.
- *Delegación y autonomía.* Una vez que el jefe les ha indicado lo que tienen que hacer, que les deje hacer. Que no esté supervisando continuamente su trabajo. Que les permita tener cierta iniciativa en el desarrollo de su cometido.

- *Liderazgo.* Que los inspire e ilusione mientras sus colaboradores realizan sus cometidos. Que tenga autoridad y capacidad de hacerse seguir por su valía personal.

- *Competencia profesional.* No es preciso que el jefe sepa el que más del área que dirige, pero sí debe tener los conocimientos precisos para entender y comprender la problemática de sus colaboradores.

- *Estímulo y apoyo* en los momentos difíciles.

- *Comunicación clara y adecuada.* Que se les escuche cuando lo precisan. Que sea accesible para sus colaboradores. Hay jefes que atienden a todos menos a las personas que dependen de ellos.

- *Confianza en sus colaboradores.* Que los defienda en situaciones de conflicto. Que no los critique a sus espaldas.

- *Honestidad, sinceridad y ejemplaridad.* Que sean ellos los primeros en hacer aquello que mandan hacer. Que cumplan con las normas de disciplina que imponen.

- *Una valoración justa de su actuación profesional.* Los colaboradores no quieren medallas que no se merecen, pero sí el reconocimiento de los trabajos y esfuerzos dignos de ser destacados.

- *Información.* Aportar aquellos datos sobre la situación y marcha de la empresa que les permitan sentirse integrados en ella.

- *Equilibrio emocional.* No estar sujetos a los cambios de carácter en función de cómo se levantan cada día.

1.11. Perfil del nuevo mando

Muy relacionado con el punto anterior, podemos señalar que el nuevo modelo de dirección requiere de mandos más profesionales, de directivos más preparados en lo que se refiere a la dirección de personas; en definitiva, de jefes que se ajusten al **perfil** que exponemos a continuación:

1. *Competencia profesional:* Excelencia en el área técnica de su actividad profesional.

2. *Liderazgo.*
   - Tener una visión, un proyecto que ilusione y sea atractivo para sus colaboradores.
   - Capacidad de comunicación. Convencer.

3. *Pasión, entusiasmo y elevada motivación:* Si el mando no está motivado, difícilmente motivará a los demás.

4. *Capacidad para ilusionar y estimular* en el desempeño de las tareas y en el logro de los objetivos:

   • Animador en el logro de objetivos. Entrenador, *coach*.
   • Impulsor y dinamizador de personas.

5. *Talante negociador y no impositivo:* Capacidad para negociar acuerdos y compromisos.

6. *Saber convivir con un alto grado de riesgo e incertidumbre:* Capacidad para decidir con rapidez asumiendo los riesgos e incertidumbres de la realidad cambiante.

7. *Capacidad de síntesis y de centrarse en lo prioritario.*

8. *Buen conocimiento de su sector y del entorno competitivo:* Tener contactos con posibilidad de acceso a recursos y organizaciones.

9. *Iniciativa, espíritu innovador:* Creatividad e imaginación para producir y adelantarse al cambio.

10. *Mente global:* Saber actuar en cualquier lugar del mundo: Idiomas/Cultura.

11. *Comportamiento ético*: No hagas a los demás lo que no quieres que te hagan a ti.

12. *Estar en disposición de aprender y mejorar de forma continua.*

13. *Empatía y flexibilidad:* Capacidad para ponerse en el lugar de sus colaboradores entendiendo que cada persona requiere de un tratamiento diferente.

1.12. Los diez mandamientos para la dirección de personas

Para terminar este capítulo, nada mejor que hacerlo con una síntesis de los aspectos claves en la dirección de personas y que hemos recogido a modo de diez mandamientos (Figura 1.4):

1. Desarrollarás un proyecto compartido: Una visión ilusionante, retadora e integradora.

2. Fijarás objetivos claros:

   • Establecerás retos medibles y atractivos.
   • Señalarás las prioridades.

3. Transformarás grupos en equipos:

   • Compartirás un objetivo común.

- Potenciarás la eficiencia y la cohesión.
- Propiciarás la cooperación e interdependencia.
- Facilitarás la participación.

4. Liderarás tratando de influir por tu autoridad personal.

- Asumirás la función de dirección.
- Respetarás la estructura.
- Facilitarás la labor de tus colaboradores.
- Utilizarás el estilo de dirección apropiado a cada situación.

5. Delegarás y potenciarás el desarrollo de tus colaboradores: Evaluarás su rendimiento.

6. Motivarás y reconocerás los logros obtenidos: Recordarás que la motivación empieza en uno mismo.

7. Comunicarás tus ideas e informarás puntualmente:

- Facilitarás la comunicación interpersonal.
- Manejarás el conflicto como fuente de aprendizaje.

8. Medirás el progreso: Tendrás indicadores de control y autocontrol.

9. Mantendrás una actitud de mejora y cambio permanente.

10. Gestionarás valores y desarrollarás una cultura.

FIGURA 1.4
LOS 10 MANDAMIENTOS DE LA DIRECCIÓN

1. Desarrollarás un proyecto compartido.
2. Fijarás objetivos claros.
3. Transformarás grupos en equipos.
4. Liderarás tratando de influir por tu autoridad personal.
5. Delegarás y potenciarás el desarrollo de sus colaboradores.
6. Motivarás y reconocerás los logros obtenidos.
7. Comunicarás tus ideas e informarás puntualmente.
8. Medirás el progreso.
9. Mantendrás una actitud de mejora y cambio permanente.
10. Gestionarás valores y desarrollarás una cultura.

Fuente: Elaboración propia.

2

Estilos de dirección

2.1. Tratar a cada cual según su personalidad

Para dirigir bien es preciso ser especialista en personas. Los miembros de nuestros equipos no son máquinas que hay que engrasar y programar para que funcionen como nosotros queremos, sino que son seres únicos, diversos e irrepetibles con deseos diferentes, intereses diferentes, creencias diferentes, estados emocionales diferentes y personalidades muy diferentes entre ellos.

Por tanto, para dirigir mejor en nuestros días en un entorno tan cambiante, generar confianza a las personas del equipo y ser más eficientes en nuestras relaciones con ellas, es muy importante tener en cuenta y contemplar en todo momento que **no es procedente tratar igual a todos los colaboradores**, sino que hay que hacerlo atendiendo al cumplimiento ordinario de sus obligaciones profesionales, a su situación vital o personal y, muy especialmente, a su personalidad.

De ahí que a la hora de gestionar personas en general, y a las personas difíciles y tóxicas en particular, debemos saber y considerar cuál es el estilo de dirección más apropiado, aquel que mejor se ajusta a cada situación y persona, ya que ello va a incidir de forma directa en los resultados, en las relaciones profesionales que mantengamos con ellos y en la eficiencia de las personas de las que dispongamos.

Estamos plenamente convencidos de que, en función de cómo se trate a los colaboradores, o sea, del estilo de dirección que se les aplique por parte de los mandos, los resultados que se pueden obtener varían de forma notable, y que la implicación y el compromiso de aquellos están estrechamente relacionados con ello. Hay muchas personas que, aun siendo en sus inicios buenas trabajadoras, con el tiempo se han degradado y han perdido el interés por su trabajo a causa del empleo de un inapropiado estilo de dirección y, lo que es peor, se han transformado, se han convertido en personas difíciles y tóxicas. En muchos casos, los mandos recogen lo que siembran.

2.2. Estilos de dirección

En las últimas décadas, los investigadores que trabajan en el campo de la dirección de personas han tratado de bucear en la búsqueda del mejor estilo directivo.

Son múltiples las teorías existentes al efecto, fruto de las investigaciones realizadas, y son numerosos los expertos que han tratado sobre los **estilos de dirección**. A título meramente enunciativo podemos señalar los trabajos de Mc Gregor, con su famosa teoría X e Y; a Hersey y Blanchard, con su modelo de liderazgo situacional; a Likert, a Tannenbaum, a Fiedler y, muy en especial, a Blake y Mouton, con su conocida «parrilla directiva» basada en una matriz de dos dimensiones, una relativa a la **orientación que los mandos tienen hacia la producción o a los resultados** y la otra relativa a la **orientación que tienen hacia las personas**. De su interrelación se pueden obtener los cinco estilos de mandos diferentes que vamos a presentar seguidamente.

La dimensión de **orientación a la producción o a los resultados** contempla la pretensión de que las personas trabajadoras cumplan las funciones, las tareas y las normas establecidas, así como el logro de los objetivos; que la cantidad y calidad de los trabajos que deben realizar sea la adecuada, todo ello dirigido a potenciar la eficiencia laboral y, muy en especial, a la mejora de la productividad.

FIGURA 2.1
ESTILOS DE DIRECCIÓN

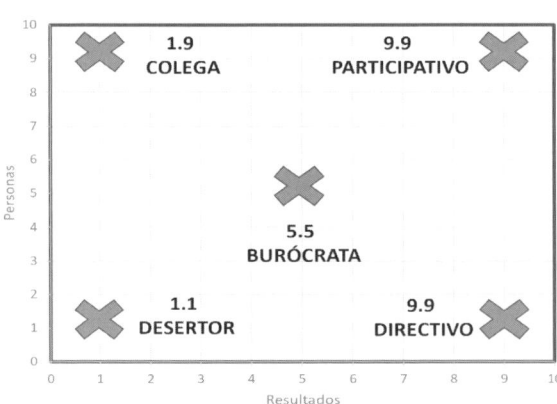

Fuente: Elaboración propia.

La dimensión de **orientación a las personas** contempla la pretensión de los mandos de que las personas trabajadoras se hallen motivadas y satisfechas en el ejercicio de su cometido laboral, de potenciar su desarrollo profesional, así como de la optimización de la comunicación e información, en la organización de los trabajos, de la participación en la toma de decisiones, de la prevención y potenciación de la seguridad laboral, así como de la mejora del clima laboral.

De la interrelación de estas dos dimensiones se derivan cinco estilos de dirección:

1. *El estilo 1.1,* que presenta una baja orientación a los resultados y una baja orientación a las personas. Es conocido como **estilo desertor o abdicador**. Es el estilo en el que el jefe «pasa» de las funciones y de las tareas que sus colaboradores deben realizar, así como del nivel de satisfacción e implicación de las personas. Lo único que desea este tipo de mando es no tener problemas sin darse cuenta de que, en la práctica, este estilo supone un vacío de dirección y es en sí mismo un gran generador de conflictos.

2. *El estilo 1.9,* que presenta una baja orientación a los resultados y alta a las personas. Es conocido como **estilo colega, protector o paternalista**. Este tipo de jefe no se preocupa de la productividad y va más de amigo que de mando responsable de sus colaboradores. Hace la vista gorda al incumplimiento de los trabajos y de las normas, eludiendo cualquier tipo de problema o enfrentamiento con ellos.

3. *El estilo 5.5,* que refleja niveles insatisfactorios tanto por los resultados como por el nivel de satisfacción de las personas. Es conocido como **estilo burócrata**. Este es el estilo de la mediocridad, en el que, al contrario de otras situaciones, en la mitad no está la virtud. Este tipo de mando se limita a cumplir justo con lo que se le asigna y no atiende adecuadamente la orientación hacia las personas.

4. *El estilo 9.1,* que presenta una alta preocupación por la productividad y por el logro de los resultados y muy escaso interés por las personas. Es conocido como **estilo directivo o jerárquico**. Para los mandos de este estilo las personas son un medio, unas herramientas, para lograr los fines que pretende la empresa. Es un estilo sin corazón y donde solo les preocupa la productividad. En cuanto pueden, prescinden de las personas.

5. *El estilo 9.9,* que presenta una alta orientación tanto al logro de los resultados como a la satisfacción de las personas. Es conocido como **estilo participativo**. Es el estilo ideal al cual deben aspirar todos los mandos, consistente en buscar la máxima productividad al mismo tiempo que el máximo nivel de implicación y compromiso de las personas con las que colaboran.

Nuestra experiencia nos lleva a señalar que la mayor parte de los mandos, debido a la alta presión que sufren para sacar adelante los trabajos en los plazos establecidos, así como para lograr los exigentes objetivos que tienen que alcanzar, se hallan en la zona 8 a 9 de orientación a resultados y 5 a 6 de orientación a las personas, por lo que el recorrido hacia la posición ideal del 9.9 es, en muchos casos, evidente.

Según lo que percibimos en nuestra actividad profesional, ocurre con frecuencia que son muchos los mandos que racionalmente desean dedicar más tiempo al conocimiento y atención de las personas que componen su equipo; sin embargo, no llegan a conseguirlo porque la actividad los fagocita, porque descubren que llevar a cabo esto supone un gran consumo de energía o bien porque no han entrenado adecuadamente las habilidades necesarias para hacerlo bien.

La configuración de un estilo de **dirección ideal** ha constituido el núcleo determinante sobre el que se ha trabajado con mayor intensidad en los últimos años en el ámbito directivo y, a día de hoy, sigue sin haber una respuesta concluyente. Claramente nosotros tenemos preferencia por el estilo participativo, pero también somos conscientes que resulta de difícil aplicación con personas escasamente comprometidas y en organizaciones obsesionadas por los resultados a corto plazo en los que se pretende lograr incrementos de productividad a cualquier precio.

Igual que sucede en el golf, el arte de dirigir también requiere acertar con el hierro con el cual hay que golpear en cada hoyo.

Como decimos, en el ejercicio de la dirección ha sucedido algo similar a la búsqueda de la fórmula de la Coca-Cola: se ha tratado insistentemente de crear un **modelo ideal de dirección** que sirva de patrón hacia el cual encauzar con posterioridad a todos los mandos. Como es natural, todos los intentos han fracasado unos tras otros, debido a que no existe un estilo único para aplicar en todos los casos, ya que el mejor estilo es el que contempla la **situación** o marco en que se actúa y **las personas** con las que el mando se tiene que relacionar.

Por tanto, no debemos olvidar que dirigir personas es una ciencia y también un arte en el que predomina el sentido común, ámbito en el que, a pesar de sus dificultades, debemos pretender mantenernos; aún más cuando sabemos que **no hay un único estilo de dirección** óptimo y válido para todos los casos y situaciones. Los dirigentes que han triunfado en la actividad profesional han sido aquellos que han sabido adaptar su comportamiento a las circunstancias de cada situación teniendo muy presentes a las personas con las que comparten las misiones y los objetivos que deben lograr.

Un hecho que ocurre con frecuencia en el ámbito empresarial es identificar dirección, y sobre todo dirección moderna, con dirección participativa. La actividad directiva, la filosofía empresarial y todo el entramado de la dirección han quedado cegados para cualquier otra salida. Por ello, cuando algunos señalan que el mejor estilo de jefe, el estilo ideal de nuestro tiempo, es el **participativo**, rechazando otros estilos, consideramos que se está cometiendo un grave error. Aun siendo cierto que el estilo participativo es el más apropiado para la mayor parte de las situaciones, hay que reconocer que en algunos casos lo procedente es aplicar el estilo jerárquico o directivo.

A tales efectos, y antes de seguir adelante, con el fin de tener un criterio adecuado al respecto, consideramos oportuno poner de manifiesto que existen dos estilos básicos de dirección:

- El estilo directivo.

- El estilo participativo.

De estos dos estilos básicos se derivan el resto de los estilos de mando, algunos de los cuales debemos calificar como «enfermizos» o «tóxicos». Los más significativos son los siguientes:

- *Estilo autocrático.* Es aquel que se caracteriza por sus formas impositivas y cuasi-dictatoriales. Los mandos con este estilo de dirección se basan en el poder, en la autoridad, en el miedo, infunden temor y, en ocasiones, hasta provocan terror. En muchos casos son personas débiles, acomplejadas, que utilizan el poder para llenar sus inseguridades y carencias profesionales. Este tipo de mandos configuran un estilo directivo patológico y, muy frecuentemente, son tóxicos.

  Para nuestra desgracia, el estilo autocrático es un estilo que al día de hoy seguimos encontrando con frecuencia en algunas de las organizaciones con las que colaboramos. Los autócratas son personas con grandes dosis de narcisismo que solo buscan satisfacer sus intereses profesionales a cualquier precio causando auténticos destrozos tanto en sus equipos como en las organizaciones.

- *Estilo directivo.* Es aquel en el que el mando señala las tareas que hay que realizar, se manifiesta riguroso en la consecución de los objetivos, está encima de toda actuación profesional, es controlador nato, impone sus ideas y criterios haciendo muestra frecuente de su poder. Los mandos con este estilo son individualistas y muy centrados en el trabajo. Su estilo de comunicación es dominante en un único sentido: de arriba abajo.

- *Estilo* laissez faire *(dejar hacer).* Es aquel en el que el mando delega en sus colaboradores la forma de actuar sin importarle el cómo se hace con tal que se haga bien. Este tipo de jefe espera que los miembros de su equipo asuman la propia responsabilidad, para lo cual les otorga la máxima autonomía. Ellos se limitan a controlar desde la distancia.

  Lograr que la aplicación de este estilo no sea un auténtico fracaso requiere de equipos muy preparados y maduros. Conocemos más de un mando que ha confundido este estilo con el estilo participativo, y eso es un gran error.

- *Estilo participativo.* Es aquel tipo de mando que comparte el poder y la responsabilidad con los miembros del equipo, puesto que da importancia al grupo y a la toma de decisiones de forma compartida. Una vez fijados los objetivos y definidas las tareas, les deja actuar apoyándolos cuando es necesario, supervisa el proceso de una manera acordada, suministra información, escucha, es sociable, accesible, próximo, presta una gran atención a las personas y confía plenamente en ellas. Su estilo de comunicación dominante es bidireccional, o sea, de doble sentido. Es un líder auténtico que crea estrategias y determina la dirección en la que se debe avanzar compartiéndolas con su equipo. Consigue la implicación y el compromiso de sus colaboradores, quienes le siguen por convencimiento y con entusiasmo. Este estilo de dirección genera equipos maduros y fuertes.

- *Estilo desertor o abdicador.* Es aquel tipo de mando que hace dejación de sus funciones y responsabilidades. Da tanta participación y delega tanto que deserta, que abandona la dirección y el timón del barco. No se entera de nada. Es un jefe débil en el cumplimiento de las normas y de la disciplina; tiene miedo a mandar y corregir. El estilo desertor es un extremo patológico del estilo participativo y, en consecuencia, puede resultar tóxico.

  Recordamos una ocasión en la que un directivo de una organización delegó a los miembros de su equipo la total responsabilidad en el desarrollo y ejecución de un proyecto llegando a desertar completamente del mismo al dejar en manos del grupo de trabajo todas las actividades que había que desarrollar. La sorpresa y el disgusto se produjeron cuando a los tres meses de haberse iniciado el proyecto, a la hora de hacer el seguimiento de uno de los hitos principales, no se habían logrado ninguno de los indicadores establecidos. El proyecto terminó en fracaso absoluto con una importante pérdida económica y un gran desprestigio de la empresa ante el cliente.

Una gran diferencia entre el estilo participativo y el desertor es que en el primero el mando asume como propios los resultados del equipo, sean buenos o malos, mientras que, en el segundo, cuando los resultados son insatisfactorios, tiende a enfadarse, a buscar culpables y a trasladarles la responsabilidad de lo sucedido.

El estilo desertor genera inseguridad y desconfianza.

FIGURA 2.2
ESTILOS DE DIRECCIÓN

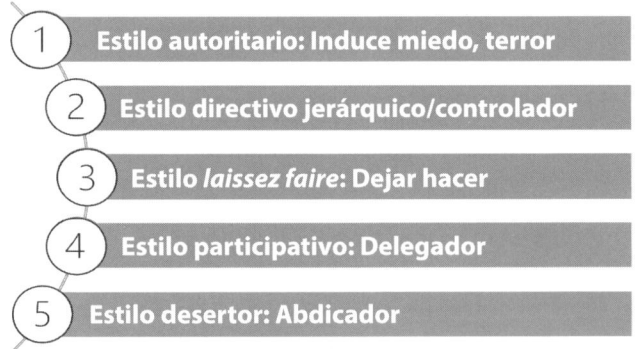

Fuente: Elaboración propia.

Vistos los diferentes estilos básicos de dirección, queremos poner de manifiesto, tal como hemos señalado con anterioridad, que **no hay estilos directivos buenos o malos**, salvo los extremos, que, con frecuencia, son grados patológicos o tóxicos, como son el **abdicador o desertor** y el **autócrata**. Lo que sí debemos contemplar y considerar a la hora de actuar con un estilo u otro son las **situaciones** en las que nos podamos encontrar y las **personas** con las que tenemos que colaborar de forma que, según unas u otras, deberemos adaptar y ajustar nuestra tendencia natural a cada situación y persona en particular.

No hemos de caer en la trampa de pensar que el estilo directivo es malo y el participativo es bueno debido a que las modas de los tiempos parecen llevarnos a ello. En absoluto. Es cierto que el estilo participativo es el que genera más crecimiento en las personas y en los equipos, más madurez, más compromiso, más sentido de pertenencia y más satisfacción, pero, es la **situación** particular de cada caso y la **persona** con la que nos relacionamos la que determina el estilo ideal y no a la inversa.

Cada uno de nosotros, desde nuestra cuna, y de acuerdo con la educación y las vivencias que hemos ido acumulando a lo largo de nuestra vida, tenemos un estilo de base natural que nos representa, bien sea el directivo o el participativo, que forma parte de nuestra personalidad, y ello no es en sí mismo ni bueno ni malo. Somos así. Todos tenemos un estilo dominante, que nos lleva a actuar sobre todo con el estilo que nos caracteriza. Cada uno de nosotros sabemos perfectamente, a nada que hagamos un análisis introspectivo, cuál es el estilo que predomina en nuestra personalidad: si somos mandones y tendemos a supervisar y a controlar todo o, por el contrario, dejamos hacer dando campo de participación a las personas con las que nos relacionamos.

Con independencia del estilo que en cada caso predomine en nuestra personalidad, deberemos contemplar en primer lugar la **situación** en que nos encontramos, ya que ella es la que marca el estilo ideal que corresponde aplicar en cada caso.

Así, corresponde aplicar un **estilo directivo** cuando el personal que dirigimos es novato, apenas tiene conocimiento o experiencia de las tareas a desempeñar, tiene baja cualificación profesional, las estructuras de trabajo están poco definidas y, muy especialmente, cuando las situaciones de urgencia son habituales en el trabajo, al igual cuando existe desorganización, no hay cooperación entre los miembros del grupo, los objetivos no están claros, se carece de los medios precisos y cuando la moral del equipo es baja. En todas estas situaciones conviene contar con jefes **directivos** que apliquen la norma con rigor.

Por el contrario, se deberá aplicar un **estilo participativo** cuando el personal que dirigimos es de alto nivel profesional, tiene amplios conocimientos y experiencia en el puesto, existe una organización definida con funciones y responsabilidades claras, el clima es cálido y las relaciones entre los miembros son adecuadas y flexibles, cuando la necesidad del trabajo requiere de la descentralización como puede ser el actuar en países lejanos o en el caso de los comerciales o vendedores que necesitan disponer de autonomía para desarrollar adecuadamente su labor. En todas estas situaciones conviene contar con jefes **participativos** que marquen objetivos y dejen hacer a sus colaboradores.

Así, un jefe de bomberos deberá ser por naturaleza directivo y el director médico de un hospital que dirige a especialistas de alto nivel profesional deberá ser predominantemente participativo.

Una persona o un equipo puede evolucionar, y su mando es pieza clave para ello. Esto quiere decir que una persona o un equipo que hoy requiere ser dirigido de una manera más directiva, transcurrido un tiempo, puede llegar a ser liderado de una manera participativa. Muchos buenos mandos consiguen que sus equipos realicen este recorrido, pero este viaje es incompatible con pretender hacerlo en poco tiempo. Todo mando que se proponga alcanzar esta meta en pocos meses está condenado al fracaso. Avanzar en este sentido es lento.

Por eso, hemos señalado que lo primero que debemos contemplar es la situación, pero no es solo el marco de actuación el que determina el estilo de dirección más adecuado, sino que también, en segundo lugar, debemos contemplar la **personalidad particular** de cada uno de los colaboradores que dirigimos. No se puede aplicar el mismo estilo a una persona trabajadora calificada como «buena» que a otra considerada como «mala». Mientras que con la primera podemos adoptar un estilo participativo, con la segunda deberemos ser más directivos.

El estilo de dirección que un mando adopte no solo afecta a la satisfacción y al grado de compromiso de las personas del equipo, sino también a la productividad y a los resultados.

Está demostrado que existe una estrecha relación entre el estilo de dirección que los mandos aplican a sus colaboradores para el adecuado desempeño de su cometido con la productividad que se puede obtener.

Así, los mandos con **estilo autoritario** que se basan en la amenaza, en el miedo y en el castigo para conseguir lo que pretenden obtienen, por lo general, una productividad superior a la media en el corto plazo, pero, por lo general, pagan el precio de la desmotivación, de la falta de implicación y compromiso de su personal, así como de la fuga de los mejores trabajadores. Se quedan con los calificados como malos, que no tienen a donde ir o que carecen de valentía para moverse.

Por su parte, con la práctica del **estilo directivo o jerarquizado** se consiguen productividades oscilantes de subidas y bajadas en la medida que se ejerce un mayor o menor control sobre las tareas a realizar. Cuando se vigila y se está encima de las personas trabajadoras, la productividad aumenta y a la inversa. Cuando el gato no está, los ratones se divierten.

Con el **estilo participativo** la productividad aumenta con el transcurso del tiempo. Al no estar acostumbrados los trabajadores a actuar de forma participativa, en los inicios la productividad puede ser inferior a la media, pero con el tiempo y en la medida que aumenta la madurez profesional, se consiguen resultados y productividades superiores a la media.

Y, finalmente, con el **estilo desertor o abdicador**, la productividad estará siempre por debajo de la media. Cuando no se marcan pautas claras de actuación, cuando no se siguen las directrices establecidas, cuando no se estimula ni motiva al personal y cuando los responsables se alejan y viven al margen de sus colaboradores, la productividad, el rendimiento y los resultados serán insatisfactorios.

Con el gráfico que señalamos a continuación se puede observar con claridad la relación que hay entre estilo de dirección y productividad.

FIGURA 2.3
ESTILOS DE DIRECCIÓN: PRODUCTIVIDAD

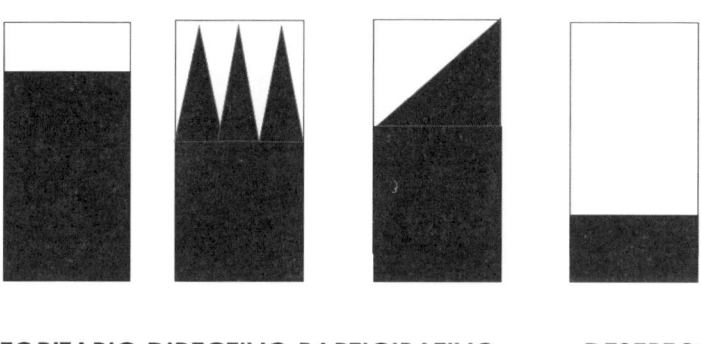

AUTORITARIO DIRECTIVO PARTICIPATIVO   DESERTOR

Fuente: Elaboración propia.

Por ello, debemos ser nosotros los que, con independencia de nuestro estilo de base natural, tenemos que saber adaptarnos a la situación propia y particular en que nos encontremos, así como al tipo de colaboradores con que contamos.

Resumiendo, los mandos que pretendan ser eficientes deben conocer en profundidad al personal con que cuentan profesionalmente con el fin de adaptarse en la forma apropiada a las características de sus colaboradores. El mando debe recordar que las personas que dirige tienen necesidades y desarrollan sus propios patrones de conducta y es a él o a ella a quien corresponde adaptarse en cada caso tratando de sacar el máximo partido de los recursos de los que dispone. De ahí que sea preciso comportarse de forma diferente con los colaboradores y aplicar a cada persona el estilo más apropiado a sus características.

2.3. Del estilo directivo al participativo

Es evidente que dirigir a las personas de forma autoritaria en el momento actual ha quedado obsoleto y ha demostrado su inoperancia para poder seguir siendo competitivos en unos mercados cada vez más exigentes, difíciles y complejos, en los que es preciso movilizar a unas personas que tienen una capacitación y una preparación mayor y mejor que nunca, así como para gestionar a las personas difíciles y tóxicas.

Nos quejamos con frecuencia, sin analizar las causas de fondo, de que los colaboradores no muestran ilusión ni tienen interés en el proyecto, que no se comprometen, que no tienen iniciativa, que están desmotivados, que… ¿por qué sucede eso? Pues, en la mayor parte de las ocasiones, porque los colaboradores no están bien dirigidos ni adecuadamente liderados, porque no se sienten identificados ni comprometidos con el proyecto, porque se sienten instrumentalizados como personas, porque no se les da confianza ni participación, porque… ¿Es preciso seguir?

Como hemos señalado, el modelo de dirección que con mayor frecuencia se viene utilizando en los momentos actuales en las empresas de nuestro entorno se caracteriza por ser excesivamente jerarquizado. Hay una persona que dirige y manda en el sentido más estricto de la palabra, muchas veces sin criterio ni orientación ni sentido, se manifiesta rigurosa con los objetivos y se halla muy orientada a los resultados, está encima de todo, controla bajo la presión de la amenaza o el castigo y lleva a los trabajadores a que tengan que acatar lo que se les ordena sin posibilidad de contrastar u opinar al respecto.

En este marco en el que predomina la **dirección jerarquizada**, donde uno o una manda y los demás obedecen, las personas trabajadoras se limitan a esperar y recibir instrucciones, y cuando estas no llegan o las actividades se terminan antes de tiempo, se quedan inactivos o pasan el tiempo realizando tareas improductivas. La base de este modelo es el control. Se hace lo que se controla, y lo que no se controla pues, muy sencillo, no se hace. Evidentemente, este modelo, que actualmente es el que se practica en la mayor parte de las organizaciones, lleva a la inmadurez de las personas y a que los mandos tengan siervos, súbditos sumisos y personas con el encefalograma plano.

El **modelo jerarquizado** se basa en que las personas que dirigen la organización lo hacen desde su posición de poder y jerarquía otorgada por la dirección. En este marco la persona trabajadora solo tiene una línea de relación y conexión que se materializa con su mando superior. Por ello, el predominio de las comunicaciones es de carácter vertical descendente. Las características que mejor definen al jefe jerarquizado se ajustan a las pautas expuestas por Borja Vilaseca (2016) en el artículo «Claves para ser un líder consciente», que publicó en *El País*, y, en tal sentido, podemos señalar que son las siguientes:

- El jefe jerárquico se basa y necesita de la jerarquía para imponer sus criterios. Tiene la creencia de que hay unos seres superiores, los de arriba, y otros inferiores, los de abajo.

- Es impositivo y concentra todo el poder y la responsabilidad. Los trabajadores se limitan al cumplimiento de las obligaciones.

- Se centra en su propio interés, en su carrera profesional. Su objetivo es ascender en el escalafón empresarial y obtener puestos de mayor reconocimiento, prestigio y remuneración.

- Da órdenes de lo que hay que hacer. No escucha ni admite sugerencias de mejora.

- Es intolerante ante los errores de los demás.

- Está obsesionado por el rendimiento o la productividad. No tiene en cuenta a las personas; son recursos.

- Es desconfiado y controlador. No se fía de los demás y supervisa y corrige todo, hasta las comas, el trabajo realizado por sus colaboradores.

- Se basa en el miedo, en la sanción o en el castigo.

- Apenas informa y trabaja de forma individual. Toda la información está centralizada, es poco transparente y rara vez llega a los trabajadores».

Este modelo de dirección ha demostrado su ineficiencia para hacer frente a los nuevos requerimientos que los diferentes mercados exigen, para potenciar la competitividad de las empresas y para situar a las personas en el lugar que les corresponde en las organizaciones. Por tanto, no tengamos ninguna duda, es preciso transformarlo y adaptarlo a los nuevos tiempos.

Si pretendemos ser eficientes, es necesario pasar y evolucionar del modelo de dirección jerarquizada al modelo que denominamos de **dirección participativa**, donde los colaboradores tengan el protagonismo que les corresponde. Es pasar de un modelo donde solo hay un responsable, tal y como ocurre en la dirección jerarquizada, a un nuevo marco donde todos o la mayor parte de las personas que integran la empresa o el departamento se sienten responsables de los resultados, donde se potencia la corresponsabilidad y el compromiso con el proyecto, con los objetivos, con las tareas que hay que realizar, así como con el equipo del que se forma parte. Se comparte el poder, se suministra información y los trabajadores se sienten necesarios e importantes.

FIGURA 2.4
MODELOS DE ORGANIZACIÓN

Fuente: Elaboración propia.

En el **modelo participativo** existen múltiples formas de relación y conexión, así como una permanente coordinación entre los miembros del equipo. Los mandos adoptan, siempre que pueden, un rol de liderazgo y posibilitan la presencia de los jefes funcionales.

Las características que mejor definen al mando participativo se hallan muy próximas a lo que debe ser un líder en el sentido óptimo de su expresión. Lo podemos referenciar con las siguientes características:

- Tiene una visión y un proyecto claro que llevar a cabo.

- Asume el liderazgo de su equipo de colaboradores.

- Muestra actitud de servicio.

- Gestiona, en todo lo que puede, a través del convencimiento.

- Delega y comparte el poder y, en la medida de lo posible, la toma de decisiones, así como la correspondiente responsabilidad.

- Potencia el protagonismo y que los colaboradores sean sujetos activos de su propio trabajo.

- Fomenta el trabajo en equipo.

- Comparte la información con transparencia, y las comunicaciones son verticales tanto en sentido descendente como ascendente y se fomentan las comunicaciones horizontales.

- Genera y desprende ilusión, entusiasmo y pasión en el logro del proyecto.

- Da confianza y autonomía.

- Inspira a través del ejemplo.

Ha quedado claro que no se puede operar con un mismo estilo directivo en todas las situaciones y con todas las personas. Cada situación y cada persona requiere de una forma diferenciada de tratamiento. Por ello, hay veces en que se debe ser más riguroso y otras más flexible, pero de forma generalizada debemos entender que el estilo que lleva a la madurez y al máximo crecimiento personal y profesional es cuando se aplica un **estilo participativo**.

Cada mando tiene los colaboradores que se merece, los que ha generado con el transcurso del tiempo. Cada mando recoge lo que siembra. En la medida en que a los colaboradores los eduquemos y tratemos con arreglo a uno u otro modelo de dirección, nos responderán igual. Si queremos que nos teman, nos temerán; si queremos que nos obedezcan sin rechistar, actuarán en el más absoluto silencio; si deseamos tener siervos sin carácter ni personalidad, lo lograremos. Por el contrario, si educamos profesionalmente a nuestros colaboradores en la confianza, en la participación y en la libertad responsable, entonces sus comportamientos irán encaminados en la misma dirección.

Como iremos exponiendo en los próximos capítulos, igual que ocurre en nuestra vida privada, en la empresa siempre nos encontraremos con un porcentaje de personas con las que, hagamos lo que hagamos, no acertaremos nunca, y no porque lo estemos haciendo mal, sino porque su objetivo es no dejarnos acertar. Estos casos también requieren de su propia gestión particular, pero en la gran mayoría de las ocasiones, los equipos son fiel reflejo del estilo de dirección de sus mandos.

A tales efectos, es preciso dar los pasos necesarios para pasar de la práctica de direcciones jerarquizadas a la de direcciones participativas, para lo cual procede actuar de la siguiente manera:

Primero y básico, si aún no lo hemos hecho, **cambiar los parámetros** que podamos tener respecto a la visión de los colaboradores: hay que dejar de verlos como mano de obra, recursos humanos o puros instrumentos de trabajo y pasar a percibirlos como personas en su sentido más integral, o sea, con expectativas, inteligencia, sentimientos y proyectos, dándoles el valor que les corresponde y, muy especialmente, haciéndolas sentir útiles, valiosas, necesarias e importantes.

En segundo lugar, **tratarlos como seres adultos**, como sujetos capaces de afrontar y resolver sus problemas, así como de tomar decisiones y asumir las correspondientes responsabilidades.

Y, finalmente, **sustituir la mera disciplina por la confianza**, el castigo por el diálogo, la obediencia por la autonomía y la iniciativa, y el control exhaustivo por el autocontrol, otorgando una mayor libertad ligada a la responsabilidad y propiciando ámbitos de actuación donde predomine el trabajo en equipo, la participación, la formación ligada al desarrollo profesional, el fomento de la calidad, la mejora continua y la innovación, así como el desarrollo de marcos donde encontrar la satisfacción laboral.

Ahora bien, no nos gustaría que el amigo lector o lectora piense que somos ingenuos. Evidentemente, no es adecuado pensar que el modelo de dirección participativa puede funcionar en el 100% de las personas y situaciones. Siempre nos encontraremos con mandos que, dada su personalidad, jamás sabrán trabajar en un marco participativo porque su estilo personal es impositivo y jerárquico y no están dispuestos a ser flexibles ni adaptarse a las situaciones y personas como procede; al mismo tiempo, que habrá personas trabajadoras que prefieren acatar, obedecer y realizar lo que se les diga que tienen que hacer y no tomar iniciativas ni asumir la responsabilidad de sus acciones. Siempre es más sencillo que le digan a uno lo que tiene que hacer que esforzarse en buscar soluciones a los problemas o tomar decisiones que entrañan riesgos.

Por todo ello, debemos convencernos de que, siempre que podamos, debemos utilizar el estilo de dirección participativo en las relaciones con nuestros colaboradores, ya que ello redundará en una mejor gestión de las personas en general y de las personas difíciles y tóxicas en particular. Es fundamental romper con los hábitos y las barreras que nos impiden actuar de forma participativa de manera inmediata, pero sin esperar resultados espectaculares en el corto plazo. El proceso de cambio es lento y gradual.

Lo más probable es que si pretendemos potenciar y desarrollar el estilo participativo la organización no esté preparada por parte de los mandos ni de los colaboradores. Cuando hemos estado durante años funcionando con un modelo jerarquizado de ordeno y mando, no se puede pasar a otro de autonomía y libertad responsable en un periodo breve tiempo. El cambio requiere ideas claras, una firme voluntad de llevarlo a cabo y una persistencia en las actuaciones. Ánimo y adelante.

3

Tipos de personas y comportamientos humanos

3.1. Tipos de personas

Al igual que ocurre en cualquier orden de la vida, en todo colectivo de personas que pretendamos analizar, tanto en el ámbito profesional como personal, nos vamos a encontrar con tres tipos o grupos que quedan perfectamente representados a través de lo que conocemos por distribución de la curva de la «normalidad» o campana de Gauss.

Así, tenemos que en cualquier colectivo que contemplemos encontraremos a un 10% de personas excelentes, a un 80% de personas que las calificamos como «normales», porque se ajustan a la mayoría de la muestra, y a un 10% de personas difíciles o generadoras de problemas.

Hablar de «normalidad» no resulta fácil en absoluto y nosotros no somos quiénes para decir lo que es normal o no; por eso, en este libro nos referiremos a «normalidad» como el colectivo más abundante y que mejor se ajusta a la media. La campana de Gauss es una representación gráfica que muestra la distribución de los datos en torno a un valor central.

Conocemos un prestigioso centro universitario donde el aprobado de cada asignatura lo marcaba la media del colectivo de tal forma que, si en un examen en concreto la media era un 6,50, las personas que estaban debajo de esa nota suspendían.

En todo colectivo deportivo, social, familiar, educativo o empresarial, aproximadamente un 80% está en la media, es decir, se ajusta a la normalidad, un 10% muestra un desempeño por encima de la media, y otro 10% aproximadamente se muestra por debajo.

Pues esto mismo que venimos exponiendo sucede en las empresas con las que nos relacionamos. Cuando las personas entran a formar parte de la plantilla de la empresa se reproduce perfectamente la curva o campana de Gauss, o sea, un 10% de ellas serán excelentes, auténticos fichajes. Un 80% de las nuevas contrataciones estarán en el grupo de las normales, o sea, cumplirán con el rendimiento esperado. Y también, por mucho empeño que pongamos en la selección, habrá un 10% de personas con rendimiento deficiente, de forma que si no las gestionamos adecuadamente nos darán muchos problemas, y ello nos debe llevar a estar en alerta para que una vez certifiquemos nuestra equivocación procedamos a prescindir de ellas lo antes posible.

FIGURA 3.1
TIPOS DE COLABORADORES

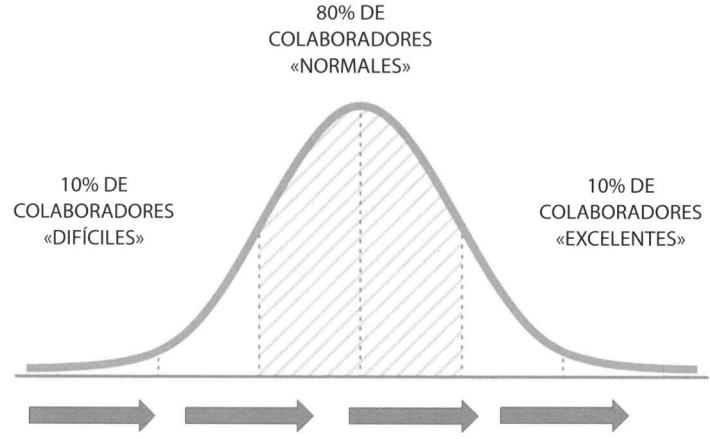

Fuente: Elaboración propia.

Pero, atención, esta situación de la curva tiene una duración limitada, como máximo, de seis meses a un año, porque a partir de este periodo la mayor parte del colectivo entrante se transformará en anormal, y aplicamos este calificativo sin pretender faltar al respeto a nadie, simplemente porque no responderán a la curva de la normalidad. Mbappé es anormal jugando al fútbol, lo mismo que lo ha sido Nadal jugando al tenis. No van por ahí los tiros, sino porque los seres humanos tendemos a copiar lo que hacen las personas que están a nuestro alrededor, sea bueno o malo.

¿Por qué sucede esto? Pues, muy sencillo, porque al cabo de seis meses o un año la mayor parte de la población entrante, que se halla ubicada en el 80%, va a tener los mismos comportamientos que tienen sus compañeros veteranos, de tal forma que, si la mayor parte de las personas que llevan más tiempo en la empresa no cumplen con las normas de seguridad laboral establecidas como ponerse el casco o las gafas protectoras, los nuevos, al poco tiempo, tampoco las cumplirán. Si hay personas trabajadoras que entran tarde a su puesto de trabajo y no les pasa nada, no hay consecuencias negativas, algunos de los nuevos o todos también entrarán tarde. Y, a la inversa, si por lo general la mayor parte de los trabajadores cumplen las normas, o bien salen más tarde de la hora establecida, las personas nuevas también lo harán. Si la mayor parte del personal está motivado, implicado y comprometido con su trabajo y con los objetivos, también lo estarán los nuevos y, a la inversa, si el clima de trabajo es malo, los nuevos en muy poco tiempo se contagiarán.

A partir de lo expuesto y entrando ya de lleno en el tema que nos ocupa y preocupa, es decir, la gestión de las personas difíciles y tóxicas, es oportuno y necesario señalar con carácter previo que, por supuesto y afortunadamente, en todas las organizaciones hay personas muy buenas en el desarrollo de su cometido, grandes profesionales, ejemplares por su comportamiento, responsables, eficientes, positivas cuando surgen problemas y dificultades, implicadas y comprometidas con sus funciones y con sus objetivos; las hay y muchas. Ahora bien, también por desgracia en todos los centros de trabajo, por pura estadística, tenemos personas generadoras de problemas, unas ya de entrada con las que, al no haber reaccionado a tiempo, cuando era su momento, ahora debemos sufrirlas y convivir con ellas, así como con otras que se han transformado a peor, bien por imitación de comportamientos indebidos a otros compañeros, o bien por una mala o inadecuada gestión por parte de sus mandos respectivos.

Uno de los rasgos que mejor caracteriza a las personas difíciles o problemáticas, aunque no el único, es el grado de cumplimiento de sus obligaciones profesionales, especialmente en lo que respecta al adecuado desarrollo de las funciones, de los objetivos y de las normas, si bien debemos señalar que también hay personas cumplidoras en cuanto al cometido que deben realizar, pero generadoras de problemas en el orden personal, tal y como veremos más adelante.

Cuando consideramos que una persona no cumple con sus obligaciones profesionales asignadas, o sea con sus funciones, con sus objetivos y con las normas establecidas, es necesario preguntarse: ¿por qué no cumple? Pregunta a la que encontraremos tres respuestas:

- Porque no sabe.

- Porque no puede.

- Porque no quiere.

Si la persona no cumple con sus obligaciones porque **no sabe**, bien porque no se le ha explicado como procede, bien porque es nueva e inexperta y lleva poco tiempo en el puesto, o bien porque recientemente se le ha cambiado de un puesto anterior a uno nuevo, y todavía no tiene los conocimientos precisos, bendito problema, la solución es fácil: se la enseña, se la vuelve a formar hasta que tengamos la seguridad de que ha aprendido y comprobemos que ha entendido. A este tipo de personas en ningún caso las consideraremos como difíciles ni problemáticas, y mucho menos tóxicas.

Una situación más compleja y difícil de resolver es cuando la persona no cumple con sus obligaciones profesionales porque **no puede**, o sea, cuando manifiesta un problema de aptitud. Desde esta posición nos podemos encontrar con diferentes situaciones y cada una de ellas tendrá un tratamiento diferente. Así, puede ocurrir que la persona en cuestión no cumple con sus funciones por razones físicas, que pueden ser temporales como la fractura de un brazo o un embarazo, o pueden ser permanentes, como son los casos de la edad avanzada o padecer enfermedades crónicas. También puede ocurrir que la persona no cumpla con sus obligaciones debido a que sufre problemas derivados de su salud mental por sufrir depresiones, estrés, ansiedad, etc. También tenemos a las personas que no pueden realizar adecuadamente sus tareas al tener claros impedimentos de carácter social que las afectan en la relación con otras personas. Y finalmente están las que no pueden por lo que llamamos desfase generacional, que consiste en la incapacidad que pueden tener algunas personas por razones de edad para el aprendizaje de materias o técnicas para las cuales están limitados, como es el conocimiento de aspectos informáticos o de tecnologías avanzadas. Aunque en uno de los capítulos que vamos a desarrollar más adelante trataremos la manera de gestionar a las personas difíciles porque no pueden, podemos adelantar que lo procedente en estos casos es buscar vías de solución a través de la adaptación a nuevos puestos, la aceptación de la situación con la problemática que ello puede representar y, muy práctico, desarrollando grandes dosis de paciencia.

FIGURA 3.2
TIPOS DE PERSONAS DIFÍCILES

TIPOS DE
PERSONAS
DIFÍCILES

- **PERSONAS INCUMPLIDORAS PORQUE NO SABEN**
- **PERSONAS INCUMPLIDORAS PORQUE NO PUEDEN**
  - Dificultades físicas: permanentes o temporales
  - Dificultades psíquicas o mentales
  - Dificultades sociales o relacionales
  - Dificultades por desfase generacional
- **PERSONAS INCUMPLIDORAS PORQUE NO QUIEREN**
  - En cuanto a productividad
  - En cuanto a relación
- **PERSONAS CUMPLIDORAS PROBLEMÁTICAS**
  - Falta de iniciativa
  - Falta de compromiso
  - Falta de implicación
  - Influencia negativa en las relaciones
  - Originadoras de conflictos

Fuente: Elaboración propia.

Pero el colectivo más problemático, que en ocasiones se convierte en tóxico, y al que luego nos referiremos y desarrollaremos con amplitud es el de las personas que no cumplen con sus obligaciones profesionales porque **no quieren**, o sea, cuando el sujeto manifiesta un problema de actitud y no de aptitud como en el caso anterior. Dejamos para más adelante su tratamiento al ser este grupo un colectivo de especial atención y con el que mostraremos el sistema de gestión que se puede llevar a cabo con las opciones y soluciones más apropiadas a cada caso.

Vistas las tres tipologías de gestión de personas difíciles por su incumplimiento, no queremos terminar este apartado sin señalar que también existe una tipología de **personas cumplidoras** con sus obligaciones, pero **que al mismo tiempo originan frecuentes problemas a sus mandos**, bien por originar conflictividad con compañeros o con clientes, por su agresividad, soberbia, intentos de manipulación, e inclusive claras muestras de falta de implicación y compromiso, al limitarse a cumplir con lo justo e imprescindible para no tener problemas. En este grupo podemos incluir a las personas que tienen un desempeño satisfactorio de sus funciones; puede ser el caso de personas que son excelentes técnicos en el área de su competencia profesional, esenciales en determinados campos técnicos, difícilmente sustituibles en muchos casos, pero al mismo tiempo mantienen una pésima relación con sus compañeros por su egocentrismo y prepotencia. Podríamos poner el ejemplo de Cristiano Ronaldo, que siempre ha sido un gran jugador de fútbol, un excelente profesional, pero que se ha llevado mal con sus compañeros, en todos los clubs en los que ha estado, por su desmedido afán de protagonismo y pretensión de ser la estrella del equipo y que todos los goles debían ser marcados por él.

3.1.1. Claves del comportamiento humano

El comportamiento de un ser humano es la consecuencia de la interrelación de una serie múltiple y diversa de factores que, en un momento determinado, le lleva a manifestar una conducta, en muchas ocasiones impredecible, que los demás podemos calificar como adecuada o inadecuada.

El comportamiento o conducta es el conjunto de respuestas, bien por presencia o por ausencia, que manifiesta una persona en un momento determinado en un ámbito o entorno concreto. Puede ser consciente o inconsciente, voluntario o involuntario, según las circunstancias que lo afecten.

Para tener un adecuado conocimiento respecto al comportamiento de los seres humanos, es preciso y resulta muy útil empezar por conocerse a uno mismo para después poder conocer a las demás personas:

- *Conocerse a sí mismo* supone profundizar en nuestro propio conocimiento, saber de nuestros puntos fuertes y débiles, lo cual es una tarea que puede llevarnos años de introspección y trabajo personal. Somos la persona con la que más tiempo pasamos a lo largo de la vida, y, con frecuencia, no nos conocemos, no tenemos el debido conocimiento de nosotros mismos. Descubrir las zonas ciegas que podamos tener y actuar sobre ellas es una tarea apasionante no exenta de dificultades. A pesar de los esfuerzos que podamos realizar al respecto, en más de una ocasión nos podemos llevar una sorpresa con una reacción o comportamiento que en un momento determinado podamos manifestar. Pedir a otras personas que nos digan cómo nos ven es, además de ser un ejercicio que entraña gran valentía y madurez, una buena práctica de gran utilidad para la mejora personal.

- *Tratar de conocer a los demás* sabiendo que igualmente es una tarea difícil. Aunque creamos que conocemos a una persona, y aunque a veces acertemos, otras muchas nos sorprendemos y realizamos diagnósticos erróneos. El comportamiento de un ser humano, en un momento determinado, es imprevisible. Nuestros juicios sobre los demás, la mayor parte de las veces, son precarios y erróneos. Debemos reconocer con humildad que poco sabemos respecto del corazón y de la mente del ser humano. Y para realizar diagnósticos certeros es preciso, además de tener un mínimo de conocimientos, desarrollar durante muchos años el adecuado aprendizaje respecto a los comportamientos humanos.

A la hora de conocer los aspectos claves que influyen y determinan el comportamiento de una persona en un momento determinado, aspecto fundamental para gestionar adecuadamente a las personas y muy especialmente a las personas difíciles y tóxicas, debemos considerar los siguientes aspectos:

3.1.2. La personalidad del sujeto

Lo primero en lo que debemos profundizar para el conocimiento de un sujeto es su personalidad.

Como sabemos, la personalidad es el resultado de un **temperamento**, o sea, de la genética que todos llevamos encima desde que nacemos, de la inteligencia que cada persona tiene y de la educación que a cada uno nos han dado en los primeros años de nuestra vida. Este conjunto de factores da como resultado y configura lo que llamamos **carácter**. El carácter de las personas se transforma en función de la influencia de la cultura donde la persona ha vivido o vive. No es lo mismo vivir en la selva amazónica que en una gran ciudad europea; no es lo mismo vivir en entornos artísticos que técnicos, y nos parece oportuno recordar que los seres humanos copiamos y nos identificamos con los comportamientos, buenos y malos, de las personas con las que nos relacionamos, de los valores que cada uno hemos ido adquiriendo a lo largo de nuestra vida y de las experiencias, buenas y malas, que cada uno hayamos tenido. La suma de todo ello determina lo que es nuestra **personalidad**.

El temperamento se refiere a las características innatas. El carácter se refiere a las cualidades y valores adquiridos. Y la personalidad es el agregado del conjunto de características y comportamientos que nos identifican.

Un aspecto interesante, relacionado con el carácter, es conocer que las personas pueden ser clasificadas de una forma muy simple y generalista, a la vez que muy práctica, en primarias y secundarias. Las características que definen a unas y otras son las siguientes:

FIGURA 3.3
BASES DE LA PERSONALIDAD

TEMPERAMENTO
GENÉTICA
+ EDUCACIÓN
⬇
CARÁCTER
+ VALORES
+ EXPERIENCIAS / VIVENCIAS
⬇
= PERSONALIDAD

Fuente: Elaboración propia.

- *Las primarias* son personas que se caracterizan por su impulsividad, la cual las lleva a hablar con el corazón y explotar con facilidad, tener baja racionalidad, vivir en el presente, y más concretamente en el instante, y por su rápida reconciliación tras un incidente. Tienden a mostrarse reactivas, agresivas, se enfadan y se reconcilian con facilidad y sus malos momentos se les pasan igualmente de forma rápida. Son capaces de insultarte, faltarte el respeto e incluso tener amagos agresivos y, al cabo de un rato, invitarte a una cerveza.

- *Las secundarias* viven en el pasado, están aferradas a sus recuerdos y principios y, con frecuencia, son prisioneras de sus rutinas y prejuicios. Todo ello les facilita la reflexión, el orden, la sistematización, la perseverancia y la coherencia mental. No se les nota nada cuando han sido dañadas y pueden ser rencorosas. La persona secundaria guarda la ofensa y esperará al momento oportuno para presentar sus heridas.

Partiendo de los ejes básicos que configuran a toda persona, como son el temperamento, el carácter y la personalidad, conviene contemplar y profundizar en algunos aspectos claves que vamos a exponer a continuación, los cuales nos permitirán estar en mejores condiciones para determinar el tratamiento y la gestión que procede efectuar con las personas con las que habitualmente nos relacionamos. Así, debemos considerar:

- *La genética,* que es nuestro ADN, lo que llevamos encima. Con ella no podemos ni tenemos nada que hacer. Cada uno viene al mundo y a la vida con una mochila que debemos asumir y aceptar.

- *La inteligencia,* que también viene determinada desde nuestro nacimiento. De nuevo hay personas con un coeficiente intelectual superior a la media y otras con un coeficiente inferior. No obstante, este es un factor que puede transformarse y evolucionar a lo largo de la vida a mejor o a peor, ya que toda persona está altamente influenciada por sus capacidades de aprendizaje y por las relaciones que mantengan con otras personas. En tal sentido, debemos considerar que, si nos relacionamos con personas inteligentes siempre se nos podrá pegar algo, y a la inversa. El ser humano no puede incrementar su nivel de inteligencia, pero sí hacer un mejor o peor uso de ella.

- *Los valores*. Cada persona manifiesta en sus comportamientos y actuaciones los valores que la caracterizan, como pueden ser honestidad o falsedad, solidaridad, responsabilidad, manipulación, egoísmo, ambición de poder, generosidad, afán de acumular dinero, familia, aficiones, etc. Es importante remarcar que los valores de una persona no son aquellos que dice tener, sino los que muestran sus comportamientos. Una persona puede decir que para ella un valor principal es la amistad, pero si las personas con las que se rodea observan que siempre habla mal de sus amigos, sencillamente no la creerán. Son nuestros comportamientos los que hablan de nuestros valores o, lo que es lo mismo, de lo que nos importa.

- *La cultura* que da origen a comportamientos individuales y colectivos (factor contagio). Con el paso del tiempo las personas se comportan como lo que consideran que es lo normal, como lo hace la mayoría. El grupo, el sentimiento de pertenencia a un colectivo, condiciona fuertemente las interpretaciones y el comportamiento del individuo, dado que toda persona tiene la necesidad natural de:

  - Integrarse en el grupo.

  - Sentirse valorada.

  En el ámbito empresarial hay culturas que condicionan en gran medida y transforman con el tiempo, a mejor o a peor, los comportamientos de las personas trabajadoras. Así, tenemos las culturas constructivas, donde las personas crecen y se desarrollan profesionalmente, y las tóxicas, donde las personas se caracterizan por su desmotivación e insatisfacción, y por haber altas cotas de crispación y conflictividad. Y las empresas se caracterizan por su escasa transparencia, carecen de liderazgos eficientes, utilizan el miedo como herramienta de gestión, no se propician oportunidades de crecimiento ni de desarrollo profesional, todo lo cual lleva a la existencia de un mal clima laboral.

En un orden más concreto, los aspectos culturales que caracterizan a unos y otros modelos de empresa son los siguientes (Tabla 3.1):

TABLA 3.1
ASPECTOS CULTURALES

	Culturas tóxicas	**Culturas constructivas**
Logro	Victimismo	Responsabilidad
Equipo	Individualismo	Cooperación/competencia
Or. personas	Poder/control	Libertad/compromiso
Identidad	Indiferencia	Orgullo de pertenencia
Innovación	Burocracia	Agilidad
Dirección	Jerarquizada	Participativa
Orientación	Resultados	Clientes/personas/rtos.

3.1.3. El grado de madurez/inmadurez de la persona

Otro aspecto interesante que considerar en el comportamiento de una persona es el grado de madurez o inmadurez que manifiesta en sus relaciones y en su modo de actuar.

A tales efectos, lo procedente es analizar y evaluar a la persona en su nivel de madurez como suficientemente madura o como inmadura. Para ello vamos a presentar los rasgos que mejor determinan a uno y otro grupo.

Así, las **personas maduras** se caracterizan:

- Por haber superado el egocentrismo infantil-juvenil con el que todos nacemos. El ser humano nace egoísta; por eso todos los niños en sus primeros años son egoístas. La madurez de la persona está precisamente en poder superar la mencionada fase; de ahí que debemos ser conscientes y percibir que algunas personas no son capaces de superarla nunca y siguen siendo niños egoístas y, por tanto, inmaduros a los 40 años, a los 50, 60... hasta que se mueren. La persona generosa se comportará con desprendimiento. La persona egoísta se comportará en función de sus intereses personales.

- Por el conocimiento de sus aptitudes (puntos fuertes) y de sus limitaciones (puntos débiles).

- Por la adecuada percepción que tienen de la realidad. Viven el presente.

- Por su autocontrol, serenidad y estabilidad emocional.

- Por su capacidad para afrontar y resolver los problemas que se les presentan.

- Por su sentido de la responsabilidad. La persona madura se comportará atendiendo a sus compromisos – obligaciones, y a la inversa, la persona inmadura - victimista echará las culpas de sus fracasos – problemas a los demás. La persona responsable asumirá la búsqueda de soluciones a los problemas, la persona victimista esperará a que otros resuelvan el problema.

- Por tener metas, objetivos y retos en la vida.

- Por tener autonomía personal, así como ideas y criterios propios. La persona insegura se comportará con agresividad para compensar su debilidad, con exageración y con miedo.

- Por tener un alto grado de voluntad para conseguir lo que pretenden, ser disciplinadas y disposición al esfuerzo cuando es necesario.

- Por su sentido del humor.

Por su parte, aunque no es preciso tener todas las características que presentamos a continuación, es suficiente con que tengan varias de ellas, las **personas inmaduras** se caracterizan por lo siguiente:

- Por su egoísmo y egocentrismo exagerado, diríamos que crónico.

- Por su hiperemotividad, reactividad, saltan y se enfadan por cualquier cosa.

- Por su extremismo patológico, todo es blanco o negro, no existen grises. Tienen tendencia a la exageración. Hacen exaltación de sus sentimientos, deseos y actitudes. No conocen la ponderación ni tienen sentido de la medida.

- Por su espíritu de contradicción, llevan la contraria por sistema, en especial con los que consideran que son más débiles que ellos.

- Por sus reacciones impulsivas e irreflexivas, así como por sus estridencias y salidas de tono en los momentos más inesperados.

- Por sus conductas paranoides en el sentido de mostrar una vanidad exagerada y un orgullo sin límites.

- Por su gran vulnerabilidad e indefensión ante las presiones ambientales. Tienen miedo a todo.

- Por sus oscilaciones emocionales, por sus subidas y bajadas frecuentes de sus estados de ánimo.

- Por su primitivismo y mediocridad en actitudes y comportamientos.

- Por su predominio de lo impulsivo en detrimento de lo racional.

- Por su propensión a la abulia y a no tener objetivos.

3.1.4. Emocionalidad/racionalidad

El grado de emocionalidad está relacionada con:

1. El grado de racionalidad.

2. El grado de dominancia o sumisión.

3. El grado de energía.

La emocionalidad, alta o baja, que manifiestan las personas en sus reacciones es un factor muy importante para conocer y determinar el previsible comportamiento que una persona puede tener en un momento determinado.

La emocionalidad de una persona la podemos relacionar con su racionalidad, con el grado de dominancia o sumisión que la caracteriza y con el grado de energía que manifiesta.

Así, si contemplamos la emocionalidad en su relación con la racionalidad podemos saber que:

- La persona que muestra alta emocionalidad y baja racionalidad tenderá a comportarse de forma impulsiva, impetuosa, reactiva, en ocasiones agresiva, irascible; distorsionará la realidad y tenderá al enfrentamiento.

- La persona que muestra alta emocionalidad y alta racionalidad tenderá a comportarse de forma serena, con adecuado control emocional, de forma proactiva, implicada y tenderá a la cooperación.

FIGURA 3.4
RACIONALIDAD Y EMOCIONALIDAD

Fuente: Elaboración propia.

- La persona con baja emocionalidad y baja racionalidad tenderá a comportarse de forma evasiva, pasota.

- La persona que muestra baja emocionalidad y alta racionalidad tenderá a comportarse de forma lógica, razonada, con frialdad, escasa empatía, de forma estratégica y tendencia a vencer al adversario.

3.1.5. Emocionalidad/dominancia o sumisión

Por otra parte, si contemplamos la **emocionalidad en su relación con el grado de dominancia o sumisión**, lo que conocemos como estilos sociales, podemos saber que:

- La persona con alta emocionalidad y baja dominancia (facilitador) tenderá a comportarse de forma comprensiva, conciliadora, respetuosa, sensible, amable, afectuosa, cooperadora, confiada, paciente.

- La persona con alta emocionalidad y alta dominancia (promotor) tenderá a comportarse de forma entusiasta, enérgica, expresiva, sociable, intuitiva, creativa.

- La persona con baja emocionalidad y baja dominancia (analítico) tenderá a comportarse de forma precisa, metódica, ordenada, exacta, perfeccionista, obstinada, indecisa.

- La persona con baja emocionalidad y alta dominancia (controlador) tenderá a comportarse de forma orientada a resultados, directa, práctica, decidida, competitiva, exigente, autoritaria, crítica.

FIGURA 3.5
DOMINANCIA Y EMOCIONALIDAD

Fuente: Elaboración propia.

3.1.6. Emocionalidad/energía

Por último, si contemplamos la **emocionalidad con el grado de energía** que manifiesta una persona, podemos saber que:

- La persona con alta emocionalidad y baja energía se comportará de forma sosegada, tranquila, relajada.

- La persona con alta emocionalidad y alta energía se comportará de forma entusiasta, eufórica, alegre, ilusionada.

- La persona con baja emocionalidad y baja energía se comportará de forma desganada, triste, frustrada, depresiva.

- La persona con baja emocionalidad y alta energía se comportará de forma agresiva, ansiosa, enfadada.

3.2. La positividad o negatividad que se adopta ante las situaciones y problemas que hay que afrontar

Otro aspecto que tener en cuenta a la hora de analizar y determinar el comportamiento de una persona es su actitud ordinaria ante los problemas y las diversas situaciones que se le presentan en la vida afrontándolas de forma positiva o negativa.

El vivir de una forma positiva o negativa no es una cuestión de aptitud sino de actitud; no es una cuestión genética ni de tener mayores o menores conocimientos, sino de una disposición a vivir la vida de una forma u otra. Tenemos que tener claro que ser una persona positiva y optimista no se nace, se hace. Ser positivo y optimista es, sobre todo, un estado mental y emocional.

En el año 2000, Barack Obama, siendo presidente de los EE. UU., en una conferencia que pasará a la historia criticó el victimismo afroamericano y dijo a su comunidad que «ser negro no es causa de su fracaso» y que «vivir en un barrio pobre no es razón para dejar los estudios». Les dijo textualmente: «Hay que aspirar a ser doctor o maestro, no solo jugador de baloncesto o rapero». Lo que dijo no fue fácil de digerir, pero sin duda es la actitud con la que se forja un líder que llega a ser el primer presidente afroamericano de los EE. UU.

Desgraciadamente, en el entorno en el que con frecuencia nos relacionamos, hay muchas personas que son negativas, pasivas, victimistas ante la vida, lo cual es malo para ellos y para los que están a su alrededor. Hay personas que solo ven siempre lo malo de cualquier situación, la parte vacía de la botella.

En cierta ocasión le preguntamos a una persona cómo se encontraba y su respuesta fue: «De viernes... total, dentro de dos días, lunes otra vez...».

Las personas negativas contagian su malestar y requieren juntarse y adherirse a otras personas iguales a ellas, aumentando su frustración y propagando su inadecuado comportamiento.

Muchas veces las personas negativas no son conscientes de su situación; se creen normales e incluso positivas. Evidentemente, ser negativo es malo, pero hay algo que todavía es peor que ser negativo. ¿Adivinas qué puede ser? Exacto, ser una persona negativa y no saberlo, algo que sucede con frecuencia.

De ahí que debemos tratar de potenciar la positividad en todas las relaciones que mantengamos. Para ello, es oportuno y conveniente potenciar nuestra perspectiva positiva ante la vida y en todo lo que hagamos, y a tales efectos recomendamos:

- Tratar de ver en cada situación la parte positiva, la parte llena de la botella.

- Rechazar de la mente los pensamientos negativos que inevitablemente nos llegan, hacerles frente tomando consciencia que son negativos.

- Tener relación con todo aquello que sea positivo, creativo y constructivo:

  - Juntarnos con personas positivas y constructivas al mismo tiempo que alejarnos de aquellas tóxicas negativas. Enriquecer nuestros contactos con personas que nos aportan positividad. Debemos buscar afanosamente rodearnos de personas con alegría de vivir.

  - Potenciar nuestra resiliencia y confianza en las situaciones difíciles.

  - No culpar a nadie ni trasladar nuestros problemas a otras personas, sino buscar soluciones.

- Controlar los problemas y las preocupaciones. Ver lo que podemos hacer.

- Poner ilusión y entusiasmo en todo lo que hacemos.

  - Potenciar nuestro optimismo.

  - Reír con frecuencia y disfrutar de todo lo bueno que tenemos a nuestro lado.

  - Ser conciliadores. A reconciliarse no se va con un cuchillo que corte, sino con una aguja que cosa.

Una amiga amante del buen vino como nosotros nos mandó un día una foto de una copa de vino a medio llenar. Debajo de la foto decía: «No importa que veas la copa medio llena o medio vacía, la cuestión es que sea buen vino». Jocosamente diremos que eso sí que es actitud.

3.3. El grado de actividad o pasividad ante las situaciones y problemas que hay que afrontar

Asimismo, y muy ligado con la positividad, tenemos otro aspecto que tener en cuenta a la hora de analizar y determinar el comportamiento de una persona y es su actitud ordinaria hacia la **actividad** haciendo frente a las situaciones y los problemas, o bien hacia la **pasividad**, confiando que el tiempo u otras personas los puedan solucionar.

En la vida, y por supuesto en el ámbito laboral, son muchas las personas que ante un problema que se presenta esperan a que sea el mando o la persona responsable pertinente quien se lo solucione. Consideran que ellos no están para resolver problemas; están para hacer lo que se les diga que deben hacer.

Los sociólogos actuales vienen detectando en nuestra sociedad actual signos evidentes de cierta pasividad en muchos de los comportamientos humanos, lo que Erich Fromm denominaba el «síndrome de la pasividad». Las personas están predispuestas a que se lo den todo hecho, sin necesidad de poner nada por su parte.

Entre las personas calificadas como pasivas, predomina el conformismo y son muchas las que funcionan por inercia. Así, nos encontramos con personas:

- *Reactivas,* que se mueven al socaire de las circunstancias y de los acontecimientos como bomberos o apagafuegos.

- *Quejosas,* para las que todo son problemas y obstáculos. Se ubican y se aferran a su zona de confort. No quieren salir del agujero.

- *Victimistas*, que culpan a los demás de todo lo que les sucede, pero no hacen nada para cambiarlo.

Son personas que mantienen una actitud negativa y pasiva ante los acontecimientos y avatares de la vida.

También es cierto que hay personas que se plantean la vida de forma activa y plena, viven intensamente, tienen proyectos y objetivos en la vida, colaboran con organizaciones, desarrollan actividades, buscan apoyos para llevar a cabo los proyectos que no pueden realizar solas, disfrutan de la naturaleza y de todo lo que hay a su alrededor.

Vivir activamente supone estar orientados a objetivos y metas concretas, no quedarse en lo meramente reflexivo o especulativo, sino transformar las ideas en acciones, desarrollar al máximo nuestras capacidades de creación y acción, de emprendimiento e iniciativa; es no esperar que sean otros quienes resuelvan nuestros problemas, es anticiparnos y prever los problemas potenciales; en definitiva, es estar conscientes y «vivos» en todo momento para hacer lo que en cada caso corresponde,

De ahí que, además de ser positivos, hemos de ser activos, interiormente activos. Ello no quiere decir que tengamos que estar haciendo cosas en todo momento, sino que interiormente debemos de estar permanentemente despiertos y en alerta, esto es, tener una disposición a la acción de estar presentes, de estar disponibles, y obligarnos a movilizar todo lo que sean contenidos positivos de nuestra mente, de nuestro cuerpo, de todas nuestras capacidades y experiencias.

A tales efectos, debemos potenciar el activismo sensato tanto en nosotros mismos como en las personas con las que nos relacionamos; debemos dar ejemplo y afrontar las situaciones con optimismo y confianza. Para ello, recomendamos contemplar los siguientes criterios de actuación:

- Tener objetivos, metas y estrellas que alcanzar.
- Potenciar la iniciativa y la proactividad.
- Juntarnos con personas activas y positivas.
- Ser protagonistas más que espectadores.
- Potenciar la crítica constructiva. No quedarse en la queja.
- Adoptar nuestras propias decisiones.
- Asumir la responsabilidad de nuestras obligaciones.
- Adoptar una actitud activa ante los problemas.
- Potenciar nuestros pensamientos activos.
- No dejarnos llevar por las rutinas.

3.4. Las motivaciones, aquello que las mueve en la vida

Finalmente, un aspecto muy importante para conocer a otras personas y detectar previsibles comportamientos es conocer sus motivaciones, qué es lo que las mueve y les interesa tanto en la vida como en su trabajo.

Así, es recomendable conocer el grado de satisfacción con su trabajo, las tareas que más les agradan o les desagradan, el grado de presión que sienten en el ejercicio de su trabajo, el interés o no por su desarrollo profesional, por su promoción y progreso dentro de la organización, el valor que le dan al dinero y al tiempo libre, la satisfacción o no con las relaciones personales que mantienen con otros compañeros, las demandas, apetencias y quejas que puedan tener.

Todo lo expuesto nos va a permitir obtener una valiosa información de las personas sobre las que pretendemos tener un mayor conocimiento y así prevenir posibles comportamientos, ya que con ello podremos actuar de una forma más eficiente con todas ellas y, en especial, con las personas difíciles, problemáticas y tóxicas, algo que vamos a abordar en un próximo capítulo.

4

Organizaciones tóxicas

4.1. Aumento de la crispación y de la desmotivación

Siempre ha habido organizaciones tóxicas; el fenómeno no es nuevo en absoluto. Lo que ocurre es que en los últimos años venimos observando un crecimiento notable de los síntomas e identificadores asociados a la toxicidad en las empresas con las que nos relacionamos, como son el aumento de la crispación, el surgimiento de tensiones y la multiplicación de las situaciones conflictivas, con frecuencia, por cuestiones nimias; resulta palpable el aumento de la desmotivación, han crecido de forma notable los índices de absentismo, han aumentado las demandas por acoso laboral, y se percibe una clara falta de implicación y compromiso de los trabajadores con el trabajo y con los objetivos de la empresa.

No podemos certificarlo, dado que no disponemos de datos acreditativos al respecto, pero nuestras observaciones nos llevan a considerar que el crecimiento de la crispación, de la conflictividad y de la desmotivación han aumentado en los cinco últimos años tras haber superado el covid del 2020. Este virus no solo hizo mucho daño físico a las personas que lo padecieron, sino que además pensamos que también ha influido de forma negativa en las actitudes y en la salud mental de muchas personas, afectando considerablemente a las organizaciones empresariales (absentismo, clima, depresiones, ansiedad y estrés).

Con independencia de la mayor o menor influencia que el covid haya podido tener en el clima laboral de las organizaciones, lo que sí consideramos oportuno señalar es que las empresas tóxicas son más comunes de lo que podamos pensar. Disponemos de estudios que indican que una proporción significativa de los empleados experimenta que su trabajo se desarrolla en ambientes laborales negativos. Según un informe de la empresa Gallup, aproximadamente el 70% de los empleados no se sienten comprometidos en su trabajo y según un estudio efectuado por Ringover —empresa de comunicación omnicanal—, el 62% de las personas se sienten desmotivadas en el trabajo y se limitan a hacer lo mínimo exigible. Asimismo, una encuesta efectuada por la Asociación Americana de Psicología reveló que el 75% de los trabajadores identificaron a su jefe como la mayor causa de estrés laboral. Estos datos nos permiten determinar que la toxicidad organizacional es un problema frecuente y extendido que afecta a todo tipo de empresas con independencia de su tamaño, sector (público, privado, cooperativas) o actividad.

Según el informe *Satisfacción y compromiso de los empleados* que Gallup Inc. publicó en 2021, tan solo el 36% de los más de 1.200 empleados encuestados en los EE. UU. estaban comprometidos con su trabajo y alrededor del 70% se encontraban buscando empleo de forma activa.

Un síntoma significativo de todo lo que venimos explicando son los datos de absentismo de los que disponemos del pasado año 2024.

Randstad Research (2025), empresa de talento referente a nivel mundial, señala con datos del cuarto trimestre del 2024 que el escenario acaecido con respecto al 2023 es preocupante, al registrar tanto en absentismo general como en IT (incapacidad temporal) un crecimiento en el número de personas que no acudieron cada día a su puesto de trabajo; fue por término medio del 5% (absentismo laboral) y 6% (incapacidad temporal) respectivamente.

Al cierre del 2024, la misma Randstad Research confirmó que el 2024 cerraba con un repunte de cuatro décimas llegando hasta el 6,7%.

Desde 2019 y hasta la actualidad, ambas mediciones del absentismo muestran signos de crecimiento constante. En el caso del absentismo con baja médica, la situación es más alarmante, dado que en la última década prácticamente se han duplicado los casos en el promedio de todos los sectores.

Entre los datos que tenemos del 2024 nos parece oportuno resaltar que:

- En España cerca de 1,46 millones de empleados faltan cada día a su puesto de trabajo, de los cuales el 22,2% no cuenta con una incapacidad temporal por razones médicas.

- Las incapacidades temporales por contingencias comunes (las que no son de origen profesional) registraron una prevalencia media de 53,3 por cada 1.000 asalariados al cierre de 2024, el dato más alto de una serie que empieza en 2007.

- El crecimiento de la fuerza laboral es independiente de los datos de incapacidad temporal. Es decir, las bajas han crecido con más brío que la incorporación de nuevos trabajadores. Se ha pasado de un 49,4 en 2023 al 53,3 de diciembre de 2024, una cifra que previsiblemente aumentará cuando se consolide el registro.

- La incapacidad temporal también toca máximos en los últimos años entre los autónomos y así, en 2024, la prevalencia fue de 39,8 por cada 1.000 trabajadores por cuenta propia. Es un ligero retroceso respecto a 2023, pero sigue siendo una cifra altísima.

- También ha aumentado el número de días que duran las bajas. En promedio, las contingencias profesionales de los asalariados escalan de 36,2 días en 2023 a 39,2 en 2024.

- La industria es el sector que concentra el mayor absentismo, con el 7,2% de las horas pactadas, seguido de los servicios (6,7%) y la construcción (5,6%).

- Por actividades, el mayor absentismo se produce en empresas de juegos de azar (11,9%), servicios a edificios y jardinería (11,2%) y asistencia residencial (10,6%), mientras que el menor se da en tareas relacionadas con el empleo (2,7%), las actividades jurídicas (2,8%) y los servicios inmobiliarios (3,5%)

- Por comunidades autónomas, el mayor absentismo se da en el País Vasco y Navarra (8,7%), Canarias (8,4%) y Galicia (7,8%), mientras que el menor ha sido en Baleares (5,7%), Comunidad de Madrid (5,8%) y Comunidad Valenciana (6,1%)

FIGURA 4.1
ABSENTISMO LABORAL

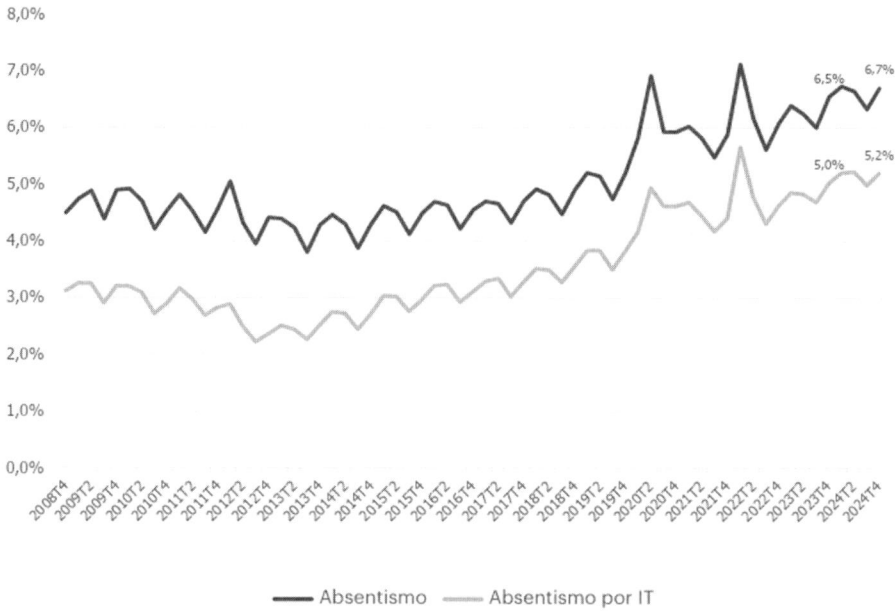

Fuente: Randstad Research (2025).

Según datos de la misma Randstad referentes al 2023 (Randstad Research, 2024), en el sector público, el absentismo es aún más pronunciado, con una tasa del 8,2%, lo que representa que unos 118.000 funcionarios no acuden a su puesto trabajo, lo cual implica un desafío y un impacto mayor en comparación con el sector privado, porque son recursos del Estado que se desperdician. Por si fuera poco, la cifra es un 26% más alta que la media del sector privado.

Las bajas asociadas a la incapacidad temporal también son preocupantes, con un 27% de empleados públicos que faltan sin baja médica, lo que supera la media del sector privado. Esta tendencia al alza del absentismo laboral impacta negativamente en las empresas españolas, elevando costos y reduciendo su competitividad. De ahí que sea fundamental abordar este problema de manera efectiva para garantizar un entorno laboral más productivo y sostenible en el futuro.

¿A qué se deben estos notables incrementos del absentismo? Son muchas y variadas las razones que los expertos señalan como el origen de este fenómeno, acelerado desde la pandemia. Entre las razones principales están el envejecimiento de los empleados, el atasco de la sanidad pública y un cambio en la conceptualización del trabajo.

Otras explicaciones nos vienen de los expertos en salud laboral, que nos dicen que el incremento del absentismo se debe a:

- *Problemas de salud física y mental.* Las enfermedades crónicas y los problemas de salud mental como la depresión o la ansiedad han aumentado de forma progresiva en los últimos años. Los problemas psicológicos tienen cada vez mayor relevancia en nuestra sociedad y así lo refleja la tasa de absentismo laboral, lo que supone una gran preocupación por el bienestar de los empleados.

- *Condiciones laborales.* Los empleados valoran cada vez más su tiempo libre y el bienestar en su entorno laboral, por lo que factores como la flexibilidad horaria, el teletrabajo y el clima laboral son claves en el estrés de los trabajadores.

- *Factores sociales y familiares.* Cada vez son más las personas trabajadoras que demandan garantizar la conciliación de la vida familiar y profesional, lo cual supone un reto para las autoridades gubernamentales. La creación de políticas laborales que favorezcan a la flexibilidad conseguiría disminuir esta tasa.

- *Abuso de las bajas laborales.* Se percibe que cada vez hay más trabajadores que fingen enfermedades y obtienen fácilmente la baja laboral que les permite, de forma fraudulenta, ausentarse de su puesto de trabajo, elevando la tasa de absentismo.

A los datos expuestos queremos añadir los obtenidos en la encuesta *Work in America 2024,* realizada por la American Psychological Association (APA, 2024), donde se nos señala que el 15% de las personas que participaron en la investigación calificó su lugar de trabajo como tóxico.

Por todo ello, las empresas deben enfrentarse en la actualidad al desafío de adaptarse a una nueva fuerza laboral mejor preparada que nunca, pero que valora la conciliación, el equilibrio entre vida profesional y familiar, el respeto, la posibilidad de su desarrollo profesional y la salud laboral como no lo ha hecho nunca. Por eso, aquellas organizaciones que se esfuercen por crear un ambiente sano obtendrán colaboradores más comprometidos, productivos y leales, lo que beneficiará tanto a la cultura interna como a la imagen de la organización.

Y siguiendo en la misma línea como una derivación del problema del absentismo, nos preguntamos: ¿a qué se debe tal situación de aumento de la crispación y de la desmotivación? ¿Tiene alguna explicación? ¿Dónde está la causa principal? ¿Son las personas trabajadoras a las que el trabajo no estimula o son las organizaciones empresariales las que presionan con requerimientos y objetivos cada vez más exigentes que originan malestar y tensión en las personas que forman parte de la empresa? No podemos responder a estas preguntas con rigor, pero sí nos parece oportuno dar testimonio y ser notarios de una realidad que observamos todos los días a nuestro alrededor; y lo que vemos, por una parte, son empresas a las que solo les importa obtener el máximo beneficio a corto plazo, donde las personas son meros instrumentos de trabajo a las que se contrata y despide cuando es necesario, donde la gestión de personas es a todas luces insatisfactoria, pero, por otra parte, también vemos a personas trabajadoras desganadas, con una alta crispación, baja motivación, muy escasa implicación y compromiso con el trabajo y con los objetivos de la empresa.

Debemos reconocer que no es fácil admitirlo; ninguna organización se ve a sí misma como tóxica y no es fácil asumir que nuestra empresa presenta rasgos o síntomas de toxicidad, por lo que esta toma de conciencia es crucial para que muchas empresas con problemas de clima laboral puedan implementar los cambios necesarios que promuevan un ambiente de trabajo saludable.

Por ello, en las siguientes páginas vamos a tratar de reflejar lo que vemos en muchas organizaciones empresariales que podemos calificar de tóxicas.

Para iniciar nuestro planteamiento, nos parece oportuno hacerlo diferenciando:

a) *Las empresas que tienen algunos trabajadores tóxicos*. Todas, por simple ley estadística, los tienen; todas las cestas de manzanas tienen alguna podrida que hay que detectar y gestionar debidamente separándola del resto con la finalidad de que la enfermedad no se extienda y afecte a las manzanas sanas.

b) *Hay organizaciones en las que la infección está generalizada y ampliamente extendida*, donde una gran parte de las personas trabajadoras sufren malestar físico y moral, están desmotivadas y no se hallan en absoluto implicadas con el trabajo ni con los objetivos de la empresa.

La segunda de las situaciones expuestas se debe, en gran medida, a que son muchas las empresas que, con más frecuencia de lo deseable, se han posicionado de forma nítida con una estrategia empresarial que tiene la única pretensión de optimizar su beneficio y en ellas se adoptan decisiones en las que apenas se tiene en cuenta a las personas que, a las que se considera como recursos meramente instrumentales de los que se dispone cuando son necesarios y se prescinde si ello les permite mejorar su rentabilidad. Este hecho provoca, sin duda, una destrucción de los valores básicos de las compañías generando estilos de liderazgo y de dirección altamente tóxicos para la salud física y psicológica de las personas trabajadoras.

Pasar una empresa de ser saludable a tóxica no ocurre de la noche a la mañana, sino que, por lo general, es un proceso de deterioro gradual que se puede ir desarrollando en el tiempo si no se toman las medidas oportunas. Lo que venimos exponiendo del proceso de toxicidad de las organizaciones no es una cuestión absoluta de blanco o negro; existen también los grises y los tonos intermedios entre ambos extremos, por lo cual es importante saber que existen diversos niveles de toxicidad, es decir, que se es empresa más o menos tóxica en función de los grados que en cada caso se alcancen, para lo cual es fundamental identificar el nivel de toxicidad en el que se encuentra la organización. En cualquier caso, la toxicidad es un «veneno» que circula por la «sangre de las empresas» y, por ende, si no se corrige a tiempo se puede extender por todo el organismo con las funestas consecuencias de incidir de forma directa en la productividad y en la competitividad de estas.

Por ello, el nivel de toxicidad que puede padecer una empresa es el resultado de múltiples factores que, combinados, crean un ambiente insostenible y perjudicial para todas las personas que integran la organización, con una clara repercusión en sus resultados.

Como señala Stephen Covey, «hay modelos organizacionales que propician la motivación, el desarrollo profesional, la implicación y el compromiso, a las que clasificamos como empresas saludables y, al mismo tiempo, hay otras que originan malestar, crispación, desmotivación, absentismo y elevada rotación de su personal, es lo que conocemos por empresas tóxicas». El estar más cerca de uno u otro modelo depende, en gran medida, de la actitud y de las decisiones que la dirección general y el equipo directivo adopten al respecto.

Lo que es evidente es que el modelo organizacional influye, tanto positiva como negativamente, en el comportamiento de las personas, en el desempeño de sus tareas, en la mayor o menor productividad y en los resultados que se obtienen. Hay organizaciones que ayudan al trabajador a potenciar su compromiso e implicación y otras que los entorpecen y los dificultan; hay organizaciones que potencian el crecimiento profesional y otras que lo paralizan; e inclusive tienen efectos regresivos… A las primeras las conocemos como organizaciones saludables y a las segundas como tóxicas.

Vamos a ver cada uno de estos modelos y profundizaremos al respecto. Iniciamos el recorrido por las empresas tóxicas.

4.2. Organizaciones tóxicas

¿Qué es una organización tóxica? ¿Cómo podemos definir e identificar lo que podemos entender por empresa u organización tóxica?

Una empresa u organización tóxica es aquella donde el ambiente laboral es negativo y perjudicial para las personas empleadas que forman parte de ella, y donde predominan prácticas y comportamientos que generan estrés, desmotivación y un bajo nivel de satisfacción laboral.

Es aquella en la que se sufren ambientes poco saludables y en ocasiones altamente nocivos para el trabajador. Se trata de compañías que carecen de una adecuada gestión de personas, lo cual provoca efectos nocivos a quienes allí trabajan.

Es aquella en la que predominan las políticas, prácticas y estilos de gestión que originan hábitos poco saludables al mismo tiempo que frecuentes conflictos entre las personas que forman parte de la organización impidiéndolas ser productivas y crecer profesionalmente, lo cual las puede llevar a abandonar la empresa y buscar trabajo en otro lugar.

Es aquella en la que existe un flagrante abuso de autoridad, una gerencia que no guía, sino que hostiga; un modelo de dirección que no logra que las personas obedezcan de forma voluntaria, sino que se ejerce el control imponiendo el autoritarismo, inspirando temor en lugar de confianza, transformando el trabajo en una carga pesada en lugar de presentarlo como un proyecto interesante, motivador y beneficioso para todos.

En definitiva, es aquella donde no se considera a las personas como uno de los principales ejes de actuación de la empresa, sino como un recurso fácilmente sustituible que se utiliza sin consideración alguna, así como donde se merma la dignidad y el respeto hacia ellas.

4.2.1. Características de las empresas tóxicas

Vamos a presentar a continuación algunos de los rasgos identificadores que caracterizan a las empresas que podemos calificarlas como «tóxicas». Por supuesto, no es necesario que se manifiesten todos ellos en la misma empresa; es suficiente con que se presenten algunos, especialmente los que vamos a señalar en los primeros lugares. En este sentido, somos conocedores de muchas oficinas y centros de trabajo, especialmente en el sector público, donde observamos situaciones de altos niveles de toxicidad y malestar y, sin embargo, donde el índice de rotación es prácticamente nulo: nadie se va jamás de estos centros.

Asimismo, nos parece oportuno señalar que perfectamente puede ocurrir en un centro de trabajo al que podemos considerar normal, inclusive saludable, que en determinados momentos sea inevitable que los trabajadores estén sometidos a situaciones de elevada tensión y, en consecuencia, puedan aflorar conflictos con los superiores y entre compañeros. Esto es absolutamente normal. Sin embargo, cuando este tipo de situaciones se repiten y suceden de forma continuada perjudicando la salud física y psicológica de las personas trabajadoras, es cuando podemos hablar de entornos laborales tóxicos.

Pues bien, considerando lo expuesto, los indicadores que mejor caracterizan a las empresas tóxicas son los siguientes:

- *Problemas de salud en las personas trabajadoras de los que se deriva un alto absentismo laboral*. Además de abundar los accidentes de trabajo, son numerosos los problemas de salud relacionados con el estrés, la ansiedad y la depresión, todo lo cual lleva a un absentismo frecuente. Los empleados de las empresas tóxicas demandan y consiguen la baja laboral por enfermedad de forma fácil y frecuente. Son llamativos los casos de alto absentismo en el sector público en general y, muy en particular, en la policía, en la sanidad y en la educación.

- *Frecuentes denuncias a determinados mandos o a la empresa por acoso laboral*. Un entorno donde se tolera o no se actúa contra el *bullying* o el acoso, ya sea por parte de compañeros o superiores, es altamente tóxico. Este comportamiento no solo afecta a la salud mental de los empleados, sino que también puede generar problemas legales y mala reputación para la empresa.

- *Alta rotación de personal*. Una tasa elevada de rotación es uno de los signos más evidentes e inequívocos de un entorno laboral tóxico. En este tipo de cultura los empleados calificados como «buenos» tratan de buscar trabajo en otras organizaciones y salir rápidamente de un ambiente en el que se sienten insatisfechos o maltratados, llevando a la empresa a quedarse con los peores, con los que no tienen opción de poder salir de ella.

- *Mal clima laboral*. Alta crispación, conflictos frecuentes con los mandos y entre compañeros, enfrentamientos continuos con la dirección, impuntualidad, desmotivación, baja productividad, incumplimiento de objetivos y actitudes negativas ante las órdenes recibidas son solo algunos de los factores que identifican un mal clima laboral en el seno de una empresa.

- *Elevada desmotivación en el personal*. En las empresas tóxicas, la desmotivación es una situación bastante generalizada. Se carece de entusiasmo para el logro de las metas, predominan las actitudes negativas y hay una profunda resistencia a cualquier tipo de cambio que se pretenda llevar a cabo. Un equipo desmotivado tiende a mostrar un bajo rendimiento y a carecer de iniciativa.

- *Excesivo control, desconfianza en las personas y cultura de trabajo basada en el miedo*. Los supervisores llevan a cabo un control riguroso de cada detalle del trabajo que realizan sus colaboradores, socavando la autonomía y la confianza de estos. Predomina la cultura del miedo a hablar y a mostrar los desacuerdos por temor a represalias. No se admite el error y se busca y señala a los culpables cuando los resultados no son los esperados, aplicando inclusive «castigos o sanciones».

- *Ausencia de información, falta de transparencia y mala comunicación*. Predominio del ocultismo. Las personas no son informadas de nada de lo que sucede en la empresa, tanto si va bien como mal; y, por supuesto, si la empresa está obteniendo o no beneficios, el tema es *top secret*. Existe poca o nula comunicación descendente y malas relaciones personales. De ello se deriva que haya más credibilidad en la comunicación informal o en la que viene de sus representantes sindicales que en la que se deriva de los canales institucionales formales. Los rumores y los chismes generan grupos y camarillas no deseadas que dividen a los empleados generando una cultura de desconfianza y provocando enfrentamientos entre ellos. Y en el ámbito de la mala comunicación nos parece oportuno señalar como muy grave cuando los mandos no se frenan y critican pública y abiertamente a sus colaboradores revelando las faltas y los errores cometidos, así como cuando los trabajadores hablan mal y efectúan críticas de su empresa en lugares públicos a personas ajenas a la organización.

- *Abuso de poder.* Las organizaciones tóxicas originan con frecuencia la existencia de mandos que provocan situaciones humillantes a los colaboradores que se encuentran bajo su mando, lo cual lleva a generar con el tiempo un alto grado de degradación que acaba dejando a la persona sin autoestima y sin consideración alguna hacia sí misma. Para efectuar su labor, el trabajador tiene que soportar y aguantar, en muchas ocasiones, situaciones auténticamente denigrantes que tienen que llevar en silencio, con profundo sufrimiento y, lo que es más grave, sin alternativa alguna de solución. La arrogancia de los mandos evita que reconozcan sus errores y buscan culpables a quienes se los puedan imputar, sabiendo que si se enfrentan a ellos van a ser sancionados e incluso despedidos.

- *Descenso abrupto de los índices de productividad y de la eficiencia* como consecuencia directa de la influencia de los factores anteriormente citados.

Además de los indicadores expuestos, que, como hemos señalado, son a nuestro juicio los **claves** y los que debemos tratar de identificar en primer lugar, existen otros, llamémosles **complementarios**, que igualmente caracterizan a las empresas tóxicas, como son:

- No existe un proyecto empresarial, no hay una visión compartida. Se vive el día a día sin proyecto ni objetivos. Predomina la acción urgente sin rumbo ni dirección.

- No hay valores ni principios éticos de actuación y, en consecuencia, no hay sentimiento de identificación con la empresa.

- Existe una actitud de indiferencia hacia los objetivos de la empresa. A nadie le importa nada lo que pasa en la empresa, salvo los problemas que puedan afectarles para cobrar el sueldo a final de mes.

- Priman los objetivos personales sobre los profesionales.

- Ausencia de cooperación y coordinación departamental. Cada área o departamento va a lo suyo y tira por su lado, sin importarle lo que le pasa al de al lado, sin que haya la más mínima cooperación y coordinación. Existen celos departamentales y los jefes no tienen ningún rubor en criticar, delante de sus colaboradores, a otros departamentos. Se funciona como auténticos reinos de taifas y se ponen de manifiesto clanes dominantes y camarillas de poder.

- Liderazgo deficiente de los mandos.

- Falta de reconocimiento: No se valora ni se reconoce el esfuerzo ni los logros de los empleados, lo cual genera resentimiento y desinterés. Las personas trabajadoras sienten que su trabajo no es apreciado, por lo cual tienden a disminuir su compromiso y su productividad.

- Se desperdicia el conocimiento y el talento de los trabajadores. No se tiene en consideración a la persona y, en consecuencia, se aprovecha una ínfima parte de lo que puede aportar. Se estima que los «cerebros» están en la alta dirección.

- Las personas son cambiadas de puesto, modificadas sus funciones, trasladadas…, sin apenas información ni consideración alguna.

- Exigencia extrema de dedicación, pues se requiere que el personal esté disponible de forma permanente, que trabaje fuera del horario laboral, inclusive los sábados y domingos.

- Sentimiento de impotencia ante sus jefes o ante la dirección porque son conscientes de sus nulas posibilidades de lucha. La única vía que les queda es recurrir al comité de empresa o la central sindical que los apoye.

4.2.2. Causas de la existencia de empresas tóxicas

¿A qué se debe que haya organizaciones tóxicas? ¿Cuáles son sus principales causas?

Son múltiples y diversas las causas por las que una empresa llega a ser tóxica; entre las más significativas tenemos:

- *Dirección y mandos tóxicos.* Evidentemente, el origen y la causa principal de la existencia de empresas tóxicas es la presencia de directores y mandos tóxicos, profesionales incompetentes que carecen de habilidades de gestión, comunicación efectiva y empatía con las personas con las que trabajan, lo cual los lleva a ejercer un liderazgo autocrático y manipulador que genera un ambiente de miedo e inseguridad en las personas que dirigen.

  Es una evidencia que las organizaciones tóxicas están muy condicionadas por la personalidad y el estilo de mando que se ejerce desde la dirección general.

Cuando la gerencia de una empresa es autoritaria y aplica un estilo de dirección próximo al dictatorial, el resto de los mandos lo asumen y lo copian en la misma línea que lo desarrolla el gran capataz, lo cual lleva a que se difunda por toda la organización el *modus operandi* del ordeno y mando como herramienta básica de gestión, sabiendo que al que se salga de la línea se le aplicará con rigor un correctivo como principal factor motivador.

Algunas de las características y comportamientos que caracterizan a los mandos tóxicos son los siguientes:

– Su presencia infunde temor e impide que los colaboradores se puedan manifestar libremente.

– Establecen normas que controlan y evalúan de manera estricta.

– Afán perseguidor. Tienen necesidad de buscar culpables ante cualquier error cometido.

– Están al acecho de los incumplimientos y de las actuaciones fallidas de quienes están a su alrededor.

– Desconfían de los colaboradores, a excepción de los fieles esbirros.

– Emplean una comunicación verbal agresiva a través de imperativos, hablan muy alto, abusan de los gritos y hacen gestos que resultan intimidatorios.

• *Falta de información y de transparencia.* La ausencia de información, la falta de transparencia, así como la carencia de una comunicación abierta y honesta crea desconfianza y confusión entre los trabajadores. Cuando se adoptan decisiones importantes sin consulta ni explicación alguna, la cohesión, el compromiso y se erosiona la implicación de los equipos.

• *Trabajo rutinario, poco gratificante* que lleva a las personas, con el transcurso del tiempo, a la desmotivación.

• *Empresas que no han sabido adaptarse al cambio cultural producido en la sociedad.* Antes predominaba la cultura de «vivir para trabajar»; ahora sin embargo está cada vez más en auge la cultura de «trabajar para vivir». La consideración de que «mi salud es lo primero» está en alza.

En pocos años ha cambiado de forma notable la **concepción del trabajo**. Existe una diferente percepción del equilibrIo entre derecho y deber, y cada vez son más las personas que hacen uso de sus derechos aunque no sean necesarios, manifestando: «Si tengo derechos a X días de permiso, pues los cojo». Da igual si realmente se van a necesitar o no el 100% de los días del permiso, si ello genera una consecuencia perjudicial a algún compañero o compañera: el problema es de la empresa y esta ya proveerá los recursos.

Cuando esto sucede de forma aislada, no es grave, pero cuando esta manera de pensar se contagia y se extiende, las consecuencias son fatales.

• *Existencia de trabajadores que son líderes tóxicos,* personas que se hallan frustradas y tratan de contagiar y extender el virus de su malestar al resto de los compañeros.

Llegados a este punto, conviene detenerse un rato a reflexionar respecto a una de las principales causas que influyen en mayor medida en el desarrollo de la toxicidad de las empresas: nos estamos refiriendo a la **infección, al rápido contagio con que el virus del malestar se extiende y sacude a muchas empresas tóxicas**.

¿A qué se debe esta situación de extensión de la toxicidad entre los trabajadores de una empresa? ¿Eran tóxicos los trabajadores antes de entrar en la organización o se han convertido en tóxicos dentro de ella? ¿O bien los trabajadores eran normales y se han transformado en tóxicos dentro de la organización? ¿O bien es la organización la que los ha transformado en tóxicos a ellos? Son preguntas interesantes a las que vamos a tratar de dar respuesta a continuación.

Si pretendemos abordar el tema desde una visión holística, o sea en su conjunto, y contemplamos a todas las partes que intervienen en el proceso, podemos considerar que el origen de la infección puede venir:

1. *Desde el propio personal.* Es evidente que el deterioro del clima laboral puede venir por la contaminación de los malos empleados que proyectan y extienden su malestar, como una onda expansiva, por todos los niveles de la compañía.

2. *Desde la dirección.* Fruto de su inadecuada gestión, incompetencia y falta de sensibilidad de los directivos hacia las personas, es habitual que se extienda hacia abajo, afectando a la mayor parte de la plantilla.

Vamos a profundizar en cada una de ellas.

Hay muchos estudios realizados al efecto que apuntan a que la fuente de la «infección» en la existencia de malos trabajadores en las organizaciones tóxicas **proviene en la mayor parte de las ocasiones del propio personal**. Esta afirmación cobra sentido si pensamos que la actitud es contagiosa y el comportamiento de los compañeros de trabajo incide, para lo bueno y lo malo, en la propia percepción y en la forma de desarrollar el cometido laboral. Nuestra tesis es que, según sea el comportamiento de la mayor parte de los trabajadores en el cumplimiento de las funciones, objetivos y normas, así será el de las nuevas personas que se incorporen a la empresa. Si en una empresa tóxica donde existe malestar, crispación, quejas continuas hacia la dirección y existe un incumplimiento de las normas básicas… cuando entra un nuevo trabajador «virgen» en la empresa, al poco tiempo, repetirá los mismos comportamientos de sus compañeros. Probablemente todos recordamos ejemplos de compañeros alegres, optimistas, que irradiaban energía y que afrontaban las tareas diarias con entusiasmo que nos contagiaban su espíritu optimista, al igual que también seguro que todos recordamos a compañeros protestones, incumplidores de sus obligaciones, quejosos continuos para los que todo estaba mal y, por supuesto, se manifestaban disconformes con todo.

Estos últimos compañeros evidentemente no ayudan a mantener un ambiente de trabajo satisfactorio, sino que más bien contribuyen a repetir su patrón de comportamiento tóxico con una velocidad vertiginosa. Recordemos el efecto contagio de las manzanas podridas o el conocido también como «bola de nieve», que, según va rodando y va pasando el tiempo, cada vez se hace más grande.

Hemos visto la cara de una moneda; vamos a ver ahora la otra, su cruz. Hay también muchos estudios e investigaciones que señalan que el origen y las causas de la existencia de empresas tóxicas **proviene en su mayoría de las propias empresas**, en especial, de las direcciones de estas. En este tipo de organizaciones, es importante analizar el perfil de la dirección general y el de los líderes que dirigen los respectivos departamentos en aspectos tales como el nivel de preparación y la formación con que estos mandos ejercen el cargo, los canales de comunicación que ofrece y establece la empresa con los empleados, la motivación que los trabajadores tienen respecto a las tareas que hay que realizar y los objetivos que hay que lograr, la manera de ajustar las necesidades personales de los trabajadores con los objetivos empresariales, etc.

Tanto en el caso de que el mal provenga de personas tóxicas que contagian a sus compañeros como del estilo de dirección de la empresa, es preciso ahondar en todas esas «tripas» de la organización para comprender y determinar si el origen de la toxicidad radica en alguno de los factores mencionados. Si se confirma que efectivamente estamos ante una organización tóxica, es preciso trabajar sobre dichos factores para reconvertir a la empresa en una entidad productiva donde predomine el bienestar general de todas las personas que integran la organización. Se trata de un objetivo ambicioso, pero estamos firmemente convencidos que se puede conseguir.

Con independencia de los estudios existentes en ambas direcciones, nuestra opinión personal es que debemos contemplar ambos frentes: empresa y trabajadores, pues ambos son factores claves y determinantes en la configuración del clima de una empresa y en el de su adecuado funcionamiento.

4.2.3. Cómo pasar de ser una empresa tóxica a no serlo

Identificar y abordar los síntomas de toxicidad que puedan existir en la organización es la diferencia entre el fracaso y la prosperidad a largo plazo de una organización; para ello, nada más conveniente que realizar los oportunos análisis periódicos del estado de la organización, estudios de clima laboral, hablar con las personas, pedirles su opinión con regularidad, detectar el surgimiento de posibles problemas, analizar los niveles de rendimiento o de productividad, observar y valorar el tipo de liderazgo que ejercen los mandos, etc.; todo ello nos permitirá ver el nivel de toxicidad que soporta la empresa, pero, sobre todo, subsanar las causas que la producen.

A veces hay que actuar, pues no queda otro remedio, de manera inmediata y reactiva, especialmente cuando surgen situaciones graves que puedan afectar al malestar general de toda la organización, pero, como bien dice el refrán, «nunca es tarde si la dicha es buena». Por ello, son cada vez más las compañías que en la actualidad apuestan por un modelo proactivo y verdaderamente preventivo, y se adelantan a situaciones dañinas para evitar que lleguen a aparecer estas patologías.

Para reconducir y «curar» una empresa tóxica, recomendamos dar una serie de pasos y adoptar una serie de medidas entre las que principalmente podemos señalar las siguientes:

- *Tomar conciencia* de que existen en la empresa indicadores que nos manifiestan que nos hallamos en un nivel más o menos alto de empresa tóxica.

- *Manifestar y ejecutar,* desde la dirección general y por parte de los miembros del equipo directivo, la firme voluntad de atajar y resolver los hechos y problemas existentes actuando en consecuencia.

- *Tener un proyecto empresarial,* a poder ser compartido, en el que las personas constituyen uno de sus ejes principales, así como que el mencionado proyecto sea conocido y vivido por todo el personal de la organización.

- *Clarificar los objetivos empresariales* y fomentar un sentimiento de identidad de los empleados con respecto a los valores y objetivos de la empresa.

- *Capacitar a los líderes* en gestión de personas y habilidades interpersonales. Los gerentes y líderes son claves para mantener una cultura saludable. Invertir en la capacitación de los mandos para que desarrollen habilidades de empatía, liderazgo positivo y manejo de conflictos contribuye en gran medida a reducir la toxicidad.

- *Implementar un liderazgo empático* y accesible que promueva espacios de comunicación abierta y transparente. Es fundamental que las personas sientan que pueden expresar sus opiniones y preocupaciones. La comunicación abierta y el respeto hacia ellas ayuda a construir un ambiente donde todos se sientan escuchados. Al mismo tiempo, los líderes deben dedicar tiempo a escuchar a sus colaboradores para descubrir los factores que están influyéndoles de forma negativa y eliminarlos.

- *Establecer políticas claras contra el acoso y la discriminación.* Crear protocolos claros para manejar situaciones de acoso y discriminación es muy importante. Esta medida permite garantizar un entorno seguro para todas las personas y evitar que se perpetúen comportamientos tóxicos.

- *Fomentar una cultura y un ambiente de respeto y colaboración.*

- *Reconocer y valorar el esfuerzo y los logros de las personas empleadas.* Apreciar el trabajo bien hecho y ofrecer incentivos fomenta un ambiente motivador y de reconocimiento. Esto reduce la frustración y el sentimiento de invisibilidad que muchas veces provoca la toxicidad.

- *Prestar atención a las condiciones de trabajo* en las que se lleva a cabo el cometido laboral, como son los horarios, el salario, la seguridad, el conocimiento de las funciones, los vestuarios… que configuran la salud y la calidad de vida de los empleados.

- *Relajar el control, potenciar la confianza y permitir una mayor autonomía.* Los mandos deben dar a los colaboradores instrucciones claras y confiar en que van a realizar un buen trabajo. De esta forma, los profesionales se sienten más comprometidos, más satisfechos y más productivos. Al sentirse considerados, se sienten orgullosos de su trabajo, pues ven que este es importante y que están colaborando para alcanzar los objetivos de la organización.

- *Identificar a los líderes tóxicos.* En las organizaciones tóxicas surgen las personas tóxicas, las cuales se reproducen como conejos a nada que haya un par de líderes frustrados que encaucen contra la empresa el malestar y la crispación que llevan consigo. Esto origina un aumento de la desmotivación, situación que afecta a los nuevos trabajadores que con ilusión y expectativas se incorporan a la empresa, los cuales, al poco tiempo, son contagiados, manifestando su malestar y los mismos comportamientos negativos que sus compañeros. Por tanto, identificar y gestionar adecuadamente a esos líderes es un aspecto de vital importancia.

- *Hacer un seguimiento periódico* de los objetivos y las acciones establecidas, así como realizar evaluaciones del clima laboral que permitan identificar y abordar los problemas antes de que se agraven.

- *Trabajar para potenciar que la organización sea saludable* siguiendo las pautas y directrices que vamos a exponer seguidamente.

4.2.4. Organizaciones saludables

Hemos visto lo que es una empresa tóxica, sus características, sus causas y las consecuencias que se desprenden de ellas. Ahora bien, ¿dónde y cómo encontrar ámbitos y marcos de trabajo propicios? ¿Qué facilita o impide que haya personas implicadas y comprometidas con los objetivos de sus organizaciones? ¿Qué tipo de modelos organizacionales favorecen un buen clima laboral y cuáles lo obstaculizan? Son preguntas lógicas que nos podemos formular y a las que trataremos de dar cumplida respuesta a lo largo del presente capítulo al poner de manifiesto lo que es una organización saludable.

Cuando una persona trabajadora disfruta y experimenta sentimientos positivos hacia su trabajo y sus perspectivas de futuro, está motivada para permanecer en la empresa, siente que su vida laboral encaja bien con su vida privada de tal modo que es capaz de percibir que existe un equilibrio entre las dos, de acuerdo con sus valores personales, podemos decir que nos encontramos ante una organización saludable.

A diferencia de las organizaciones tóxicas, las organizaciones saludables se caracterizan por que las personas:

- Actúan con libertad y no tienen temor en expresar sus opiniones.

- Se sienten necesarias, útiles, importantes y protagonistas de su trabajo y misión que lograr.

- Son respetadas, consideradas y escuchadas.

- Sienten el proyecto empresarial como propio. Se hallan integradas y comprometidas con los objetivos.

- Pueden desarrollar su talento y la capacidad creativa que en otros marcos y modelos permanece secuestrada.

- Crecen profesionalmente en el ejercicio de su trabajo.

- Están satisfechas y encuentran fuentes para la alimentación de su propia motivación, lo cual permite obtener un mayor compromiso e integración.

Las organizaciones saludables tratan de crear un entorno laboral donde se potencia la comunicación, la creatividad y la eficiencia, así como optimizan el conocimiento y el talento de los trabajadores al igual que dan significado y sentido al trabajo.

Por ello, es frecuente encontrar en las organizaciones saludables:

- Un proyecto empresarial claro e ilusionante, así como una visión compartida.

- La calidad y el servicio al cliente ocupan uno de los ejes principales de actuación.

- Los objetivos profesionales son comunes y están por encima de los objetivos personales.

- Los mandos informan, escuchan y respetan las opiniones de sus colaboradores.

- Existe cooperación interdepartamental.

- De los errores se toma buena nota para que no se repitan y se aprenda de ellos.

- Existe un respeto hacia las personas, un cuidado hacia su dignidad personal y una aplicación práctica de valores y principios éticos de actuación.

- La dirección general tiene el sentimiento de estar liderando el proyecto junto a su equipo. Se siente acompañada y confiada en alcanzar la meta.

- Predomina la profesionalidad y la dirección hacia el logro de resultados.

Por supuesto, las **consecuencias** de las organizaciones saludables son las opuestas a las que hemos expuesto en las organizaciones tóxicas. Entre las más destacadas podemos señalar las siguientes:

- Cumplimiento adecuado de las funciones asignadas, logro de los objetivos establecidos y consecución de resultados satisfactorios.

- Salud laboral y bajo absentismo.

- Alto nivel de motivación y satisfacción por parte de los trabajadores.

- Baja rotación de personal. Los buenos trabajadores permanecen en la empresa.

- Compromiso con los objetivos e identificación con la empresa.

- Iniciativas y aportaciones sugerentes.

- Optimización del conocimiento y talento de los trabajadores.

Recomendamos vivamente a los amigos lectores que ostenten cargos directivos que tomen buena nota de lo expuesto en el presente capítulo y se atrevan a dar los pasos necesarios al respecto para avanzar hacia la configuración de organizaciones saludables en sus ámbitos de influencia. Somos plenamente conscientes de las limitaciones existentes en muchos casos, así como de las situaciones a las que deben hacer frente, pero el camino se hace al andar, y lo mejor que podemos hacer es transformar en ámbitos saludables nuestros espacios de responsabilidad.

Es preciso superar y huir de aquellos modelos tóxicos que han imperado y prevalecido durante muchos años en multitud de empresas y organizaciones de nuestro entorno que desgraciadamente aún existen. Hay que evitar que las personas trabajen asustadas y temerosas de opinar, así como su marginación y, por supuesto, su degradación.

Por ello, es absolutamente necesario desarrollar nuevos modelos saludables y ámbitos de actuación donde:

- *Las estructuras organizativas* tengan proyectos ilusionantes, objetivos claros y donde las personas no sean un simple recurso, un número o una mera celdilla en el organigrama, fácilmente prescindible o intercambiable, sin contar con ellas en absoluto, sino que, al contrario, configuren uno de los principales ejes.

- *Directivos y mandos sensibles y empáticos*, adecuadamente preparados en la gestión de personas, que confíen en sus colaboradores, exijan con profesionalidad, así como que fomenten la participación en la resolución de los problemas, en la organización y coordinación de las actividades y en las decisiones en los casos que se pueda.

- *Colaboradores* que vean en el respeto ajeno que se les presta su propio respeto a la dirección y a los mandos, que lleven a cabo su cometido de forma eficiente, y sientan la satisfacción en el cumplimiento de su misión.

Si se actúa en la dirección que proponemos, no tengamos ninguna duda, no solo potenciaremos la dignidad de la persona, sino que además conseguiremos tener colaboradores motivados, implicados y comprometidos hacia el logro de los objetivos, aumentando la calidad de los productos y servicios, lo cual permitirá prestar un mejor servicio a los clientes y mejorar los resultados y la competitividad.

Es cierto que no resulta fácil ser una empresa saludable en entornos tan problemáticos y tóxicos como en los que vivimos, pero ello no es óbice para su existencia, pues conocemos numerosos casos de empresas donde el buen clima y las relaciones personales son satisfactorias.

Terminamos y, a modo de resumen, nos parece oportuno señalar que del seno de las organizaciones saludables surgen personas trabajadoras satisfechas que se sienten identificadas con los objetivos de sus empresas y se hallan plenamente comprometidas con sus cometidos. Y, a la inversa, de las organizaciones tóxicas surgen con gran frecuencia las personas difíciles y tóxicas a las que vamos a referirnos con detalle en el próximo capítulo. En nuestras manos está el optar por un modelo de organización u otro.

TEST DE RECONOCIMIENTO EMPRESA TÓXICA					
CARACTERÍSTICA	**GRADO DE TOXICIDAD**				
	Muy bajo	**Bajo**	**Mediano**	**Alto**	**Muy alto**
Nivel de absentismo					
Conflictividad laboral					
Denuncias de acoso					
Internas					
Ante el juez					
Rotación del personal					
Liderazgo de los mandos					
Información periódica					
Compromiso e implicación					
Desmotivación					
Reconocimiento					
Proyecto empresarial					
Objetivos claros					
Identificación objetivos					
Valores y principios actuación					
Formación del personal					
Cooperación					

5

Personas difíciles y tóxicas

5.1. Qué es una persona difícil y qué es una tóxica

No es lo mismo una persona difícil que una tóxica, por lo que conviene que empecemos por diferenciarlas a ambas adecuadamente.

- *Persona difícil,* también conocida en ocasiones por «problemática», es aquella que con frecuencia incumple sus obligaciones, quebranta alguna norma, bien porque no puede o no quiere cumplirlas, que nos origina problemas, pero su daño queda limitado al ámbito de la propia persona.

    Hay personas difíciles cuya dificultad manifiesta se centra en los «qués», es decir, no hacen lo que se espera de ellas que hagan en lo que al cumplimiento de su tarea o actividad se refiere. Y hay también personas que resultan difíciles en los «cómos», es decir, en sus maneras de actuar y en sus actitudes, pero, en ambos casos, las consecuencias de sus comportamientos no llegan a afectar al resto de los compañeros de la organización.

- *Persona tóxica* es aquella que, además de incumplir sus obligaciones, tanto en los «qués» como en los «cómos», extiende sus efectos nocivos a otras personas, originando un contagio y una influencia perjudicial tanto en otros compañeros como en lo que respecta al adecuado funcionamiento de la organización.

Si bien procede gestionar a los dos tipos de personas adecuadamente, el tratamiento que hay que aplicar a ambos colectivos es diferente.

Para nosotros, una persona tóxica es aquella que muestra de forma ordinaria y reiterada comportamientos inadecuados, principalmente al incumplir con sus obligaciones profesionales como son las funciones o tareas asignadas, los objetivos definidos y las normas establecidas porque no quieren, así como por ser origen frecuente de conflictos y problemas que influyen de forma negativa en el comportamiento de sus compañeros.

Asimismo, una persona tóxica es aquella que, además de no cumplir con sus obligaciones, no suma al grupo, sino que resta; no deja avanzar en los procesos de trabajo, sino que, por el contrario, los frena, entorpece, desmotiva y contagia su malestar al resto de sus compañeros.

Son muchos los aspectos que, como más adelante veremos, caracterizan a una persona tóxica, pero el principal de ellos es **el incumplimiento reiterado de sus obligaciones profesionales**, porque **no quieren** realizarlas, manifestando además una actitud negativa, corrosiva y **contagiosa** entre sus compañeros en el desempeño de su cometido profesional.

Además del aspecto o característica principal mostrada en el párrafo anterior, las personas tóxicas presentan algunos de los rasgos y comportamientos que presentamos a continuación. Por lo general, son personas:

- *Irresponsables*. Incumplen los plazos y compromisos adquiridos, se saltan las normas establecidas a pesar de las consecuencias que se puedan derivar de ello.

- *Conflictivas*. Son la cara visible de la mayoría de los incidentes que se producen y los líderes-cabecillas que dirigen las protestas.

- *Negativas*. Se posicionan en contra de cualquier cambio.

- *Pasivas*. Se quejan de todo, pero no hacen nada por corregir o mejorar las situaciones problemáticas.

- *Incompetentes*. No tienen aptitudes ni capacidad para hacer adecuadamente su trabajo. Por su parte, se consideran a sí mismas buenos profesionales y no entienden que se las margine en el acceso a puestos de promoción, a pesar de que las muestras de su incompetencia y actitud negativa sean evidentes.

- *Despectivas*. Se manifiestan de forma displicente y con un tono agresivo.

- *Quejosas y supercríticas*. Para ellas, todo está mal y solo ven, con razón o sin ella, lo que estiman que funciona inadecuadamente.

- Les encanta mostrarse como *victimistas*, manifestando que la culpa de todo lo que no funciona bien es siempre de los demás.

- *Egoístas*. Solo les importa lo suyo. Viven por y para sí mismas.

- *Escaqueadoras*. Eluden todo tipo de responsabilidad, así como la realización de las tareas que no les gusta ejecutar y los compromisos que tienen plazos fijados.

- *Indisciplinadas*. Se saltan las normas establecidas.

- *Manipuladoras*. Transforman las situaciones y los argumentos a su conveniencia.

- Y, por supuesto, son *antiempresa*. Están en contra de cualquier medida adoptada por la empresa. No les importa que la empresa vaya bien o mal. Consideran que la organización las explota y, por tanto, estiman que deben luchar contra ella.

Creemos innecesario seguir con más calificativos que puedan caracterizar a las personas tóxicas, ya que con lo expuesto consideramos que es suficiente para poner de manifiesto el perfil que mejor representa a este tipo de personas que tantos problemas y quebraderos de cabeza originan a los mandos que deben dirigirlas.

Entre las personas tóxicas hay un colectivo muy especial, que nos parece oportuno poner de manifiesto, y lo componen aquellas personas que cumplen adecuadamente con sus obligaciones, pero tienen una personalidad conflictiva que da origen a numerosos problemas. Probablemente tengas en la cabeza alguna persona que consideres tóxica al mismo tiempo que es buena trabajadora. Realmente las hay y suelen ser un quebradero de cabeza para muchos mandos. Aplicar medidas correctivas sobre alguien que falla en los qués y en los cómos resulta infinitamente más sencillo que actuar sobre alguien muy competente pero que nos está destrozando un equipo con sus verbalizaciones o comportamientos inadecuados.

Con el fin de facilitar la clasificación a las personas trabajadoras en los niveles a los que nos venimos refiriendo (Cumplidoras / Difíciles - Problemáticas / Tóxicas), presentamos el siguiente *checklist* al respecto.

La clasificación final vendrá determinada por la mayoría de «Sí» en las respuestas.

CHECKLIST DE CLASIFICACIÓN DE LOS TRABAJADORES		
Poner una -X- en la columna que mejor se ajusta al desempeño del trabajador/a.		
1) CUMPLIDORAS	**SÍ**	**NO**
Cumple con las funciones definidas.		
Cumple con los objetivos establecidos.		
Cumple con las normas fijadas.		
Mantiene buenas relaciones con sus compañeros.		
Trabaja en equipo. Es participativo.		
Genera buen ambiente de trabajo.		
Se halla motivado y está implicado en su cometido.		
Atiende sus compromisos de acuerdo con lo establecido.		
2) DIFÍCILES/PROBLEMÁTICAS	**SÍ**	**NO**
En ocasiones no cumple con sus obligaciones profesionales porque «no puede».		
En ocasiones no cumple con sus obligaciones profesionales porque «no quiere», por falta de interés, pero no afecta al resto de los compañeros.		
En ocasiones busca excusas para no realizar una tarea asignada.		
Se limita a cumplir justo con lo que se le pide.		
Presenta bajo nivel de motivación.		
Le cuesta trabajar en equipo.		
No tiene interés por aprender ni mejorar profesionalmente.		
Incumple normas consideradas como leves.		

CHECKLIST DE CLASIFICACIÓN DE LOS TRABAJADORES		
3) TÓXICAS	**SÍ**	**NO**
No cumple con sus obligaciones profesionales porque «no quiere» y su comportamiento repercute de forma negativa en otras personas.		
Incumple normas consideradas como graves o muy graves.		
Con frecuencia manifiesta comportamientos inadecuados (llega tarde, se salta normas, se escaquea de sus obligaciones…).		
Con frecuencia origina conflictos que influyen de forma negativa en el comportamiento de sus compañeros.		
Origina un mal clima laboral y contagia su actitud negativa al resto de sus compañeros.		
Tiene actitudes despectivas ante el jefe.		
Se queja continuamente de todo y es supercrítico con todo lo que ocurre en la empresa.		
Se presenta como víctima y la culpa de todos sus males a los demás.		
Es indisciplinado.		
Es manipulador.		
Es antiempresa. La empresa es su enemigo.		
Cumple con sus obligaciones profesionales, pero su actitud y carácter son motivo de conflictos frecuentes con los compañeros, con el jefe y con los clientes. Genera un mal clima de trabajo y contagia a sus compañeros.		

5.2. ¿Por qué hay buenos y malos trabajadores?

Cuando se observan las actuaciones de muchas de las personas que dirigen equipos de trabajo, es fácil detectar cómo, con frecuencia, se carga el peso y la realización de la mayor parte de las tareas en las personas colaboradoras catalogadas como «buenas», o sea, en aquellas personas cumplidoras, responsables y que manifiestan en todo momento una buena disposición y una excelente actitud en el desempeño de su trabajo, mientras que, al mismo tiempo, eluden el control, pasan de la exigencia, hacen la vista gorda, no actúan ni interfieren en absoluto sobre las consideradas como «malas», entendiendo por este calificativo a las personas que no cumplen debidamente con su cometido y que, además, con mucha frecuencia, tienen un carácter difícil, en ocasiones agresivo, y son causa de frecuentes conflictos y enfrentamientos.

En el mismo sentido, es frecuente observar como muchas empresas y organizaciones tienden a establecer normas de obligado cumplimiento, criterios de actuación, así como objetivos que, si no se cumplen, no tienen consecuencias ni positivas ni negativas. Da igual hacerlo bien que mal, cumplir las normas o no cumplirlas, lograr los objetivos o no lograrlos. En cualquiera de los casos, los efectos son los mismos, o sea, inexistentes.

¿Nos sorprende entonces que haya malos trabajadores? ¿Merece la pena cumplir con las obligaciones, esforzarse, sabiendo que se va a tener la misma consideración que si no se hace? Es más, en muchas ocasiones los buenos trabajadores salen penalizados y se cargan con los trabajos que no han sido realizados por los compañeros o compañeras displicentes que rehúsan hacer los suyos.

De ahí que, si nos preguntamos por qué hay buenos y malos trabajadores en las empresas, la respuesta sea obvia: existen malos trabajadores porque en la mayor parte de los casos hay malos mandos que ejercen una inadecuada gestión de las personas que dirigen. La mayor parte de los trabajadores problemáticos que han llegado a esa situación son el resultado de una incorrecta dirección. Como hemos señalado en un capítulo anterior, la mayor parte de las personas son «normales», es decir, están en la media de la productividad esperada; lo que sucede es que, con el tiempo, debido a inadecuadas direcciones, muchos trabajadores reciben y aprenden diariamente pésimas lecciones, que los llevan a convertirse en malos, en difíciles, inclusive en tóxicos. **Los trabajadores son, en gran medida, el fiel reflejo de las personas que las dirigen**. Los jefes buenos consiguen tener buenos colaboradores y viceversa.

En muchos centros de trabajo, debido a una incorrecta aplicación del principio de equidad, se trata igual a la persona que se esfuerza por ofrecer su mejor versión que a la que no lo hace y, si se nos apura, como luego veremos, en ocasiones se trata mejor al malo que al bueno. En la práctica, da igual trabajar bien o mal, cumplir o no con las obligaciones, ser o no responsable, lograr mejores o peores resultados, pues las consecuencias son iguales para todos.

Conocemos casos de empresas que han prejubilado con una sustanciosa pensión a trabajadores calificados como «mediocres o malos», que apenas aportaban valor añadido, con el fin de quitárselos de encima, mientras que a personas trabajadoras consideradas excelentes, que mantenían las mismas condiciones de edad y años de servicio, se les comunicó que, dado que existía una buena consideración respecto a ellas, seguían siendo necesarias para la empresa y, por tanto, debían continuar desempeñando su función. El sentimiento de injusticia que sufren en esas situaciones es patente y la discriminación, evidente.

Igualmente, conocemos casos de trabajadores calificados como «malos», a los que se les ha ido rebajando la presión de trabajo y las funciones que desempeñan hasta llegar a no tener que hacer prácticamente nada: sacar fotocopias, ordenar el almacén, hacer recados, listados inútiles… consiguiendo lo que con tanto afán pretendían: tener poco trabajo, que nadie se meta con ellos, que les dejen en paz y vivir al margen de la presión laboral del día a día; en definitiva, estar más cómodos y sin problemas de ningún tipo. La impresión que se percibe desde fuera es que estos sujetos viven de forma privilegiada y, como disponen de tiempo libre, se dedican a incordiar, a generar conflictos, a intoxicar a otros y a captar adictos a su causa.

Como podemos observar, en muchas ocasiones los malos ganan y los buenos pierden, de lo cual se deriva la convicción de que es más beneficioso ser malo que bueno.

Con este tipo de actuaciones, bastante generalizadas en muchas empresas, ¿todavía nos sorprende que haya malos trabajadores? Lo que nos puede sorprender es que en este marco de actuación la contaminación no se haya extendido a la totalidad y aún existan buenos trabajadores.

Y siguiendo en la misma línea ¿cómo afecta este tipo de comportamientos a la motivación de los buenos trabajadores? Está claro que de forma muy perjudicial. **La peor lección que puede recibir una persona trabajadora considerada buena es observar que hay compañeros que no cumplen con sus obligaciones y no pasa nada, y sufrir las consecuencias de los incumplimientos de ellos**.

Debemos tener claro que este tipo de actuaciones, con el transcurrir del tiempo, al igual que un virus maligno, se expande e incide de forma negativa en la productividad, en la obtención de resultados, en el deterioro del clima de trabajo y se convierte en el origen de muchos conflictos, lo cual genera desmotivación en los buenos profesionales y es la semilla que provoca y origina la aparición de las personas difíciles y tóxicas.

5.3. ¿Por qué muchas personas buenas o normales se transforman y llegan a ser difíciles y tóxicas?

Consideramos que con lo señalado en el apartado anterior ha quedado dicho casi todo respecto a por qué muchas personas consideradas como «normales», e incluso «buenas», que venían desempeñando sus funciones de forma satisfactoria, con el transcurrir del tiempo se han transformado y han pasado a engrosar el colectivo de personas problemáticas. Hemos señalado, de forma intencionada, que hemos dicho «casi» todo, pero no todo; aún nos quedan cosas por decir y las vamos a exponer a continuación.

Muchas personas con talento, capacitadas, que ingresan en la organización con ilusión, motivadas, con la pretensión de crecer y desarrollarse profesionalmente descubren con el transcurso del tiempo que sus aspiraciones, que sus sueños, no van a poder materializarse y sufren una profunda decepción, se desmotivan y tienen que optar entre marcharse a otra empresa o permanecer en la misma deteriorándose progresivamente hasta llegar un día a convertirse en una persona difícil e inclusive tóxica.

Pues bien, además de lo expuesto, ¿qué otras causas pueden llevar a que una persona que ingresó motivada en la organización, que cumplía con su cometido de forma satisfactoria, pueda deteriorarse y convertirse en persona difícil o tóxica?

A nuestro modo de ver son múltiples las situaciones y causas por las que un buen trabajador, con el tiempo, puede convertirse en una persona difícil o tóxica, pero, principalmente, son las siguientes:

• *Cuando existe una inadecuada integración* del nuevo trabajador en la empresa o en su departamento. Conocemos casos de personas altamente capacitadas cuyo recibimiento por parte de sus mandos fue muy frío y la integración en su puesto de trabajo poco explícita, sin fijar ni mostrar con claridad, desde el primer día, sus funciones, objetivos y normas a cumplir; en definitiva, sin poner de manifiesto de forma palpable las expectativas deseadas con su incorporación.

- *Cuando no existe una adecuada preparación* para el desempeño de las funciones que va a desarrollar.

- *Cuando hay un insuficiente seguimiento,* especialmente en los primeros meses de la incorporación del nuevo trabajador, tanto de las tareas que se realizan de forma satisfactoria como insatisfactoria. Un error no detectado o no manifestado a tiempo es causa de repetición de este.

- *Cuando no existe un control y una exigencia a las personas que están bajo su dependencia* de las tareas establecidas y objetivos fijados. El descontrol y el incumplimiento de obligaciones carente de consecuencias lleva a su repetición y a la consideración de que es lo mismo hacerlo bien que mal.

- *Cuando no existe una adecuada exigencia a los compañeros más próximos* del cumplimiento de las obligaciones, tareas y normas, ya que ello va a llevar aparejado el efecto contagio para todos los miembros del equipo.

- *Cuando las personas están escasamente consideradas.* La persona se convierte en un número, en un medio, en una herramienta, donde solo importa lo que produce o los resultados que aporta al margen de su consideración o situación personal, lo cual lleva a que la persona trabajadora pierda su sentimiento de identificación con la empresa, y con ello se produzca una merma en su implicación y compromiso. Cuando tal situación ocurre es natural que el trabajador sienta que no es parte significativa de la empresa y la resolución de sus problemas los canalice a través de las organizaciones sindicales.

- *Cuando el estilo de dirección es autoritario,* basado en la amenaza, en el castigo o en el miedo. Así, tendremos, en el mejor de los casos, a personas cumplidoras con sus obligaciones profesionales, pero jamás llegaremos a tener personas implicadas y comprometidas con el proyecto empresarial.

- *Cuando no se propicia y potencia el desarrollo profesional de las personas* trabajadoras, en especial cuando se cuenta con técnicos especializados o jóvenes que aspiran a crecer y a ocupar puestos de mayor responsabilidad.

- *Cuando no se ofrece puntual información* de lo que viene sucediendo tanto en la empresa como en el departamento.

- *Cuando no se posibilita la participación* de la persona trabajadora en la planificación y organización de sus tareas, así como en el establecimiento de los objetivos y en la toma de decisiones.

- *Cuando no hay reconocimiento,* cuando no se estimulan los buenos resultados ni los comportamientos ejemplares.

- *Cuando existen lideres tóxicos* en el equipo que ejercen una influencia mayor en el personal que los mandos directos y contagian con sus incorrectos comportamientos, su crispación, su frustración y conflictividad al resto de los compañeros sin que se adopten medidas que los frenen.

- Y, finalmente, *cuando no hay una evaluación personal periódica*, donde se le presenta a la persona colaboradora lo que, a juicio de su mando, hace bien y lo que debe mejorar. Hacerlo anualmente es una medida aconsejable.

Expuestas las situaciones más significativas que pueden originar y propiciar que buenos trabajadores se conviertan en difíciles o tóxicos, las cuales debemos considerar con atención y esmero, vamos a exponer seguidamente como evitar que tales circunstancias se produzcan.

5.4. Cómo evitar que una persona normal se convierta en difícil o en tóxica

No es lo mismo una persona con bajo rendimiento que una persona difícil o tóxica.

Si queremos evitar tener personas difíciles o tóxicas en nuestro equipo de colaboradores o, al menos, las menores posibles, deberemos considerar y tener muy en cuenta las siguientes consideraciones y pautas de actuación.

La primera de ellas es asumir que, por mucho empeño que pongamos, no va a ser posible nunca lograr nuestra pretensión de tener el 100% de personal excelente por las razones que a continuación exponemos:

- Debemos recordar la curva o campana de Gauss que nos señala que, en el mejor de los casos, es normal contar con un 10% de personas difíciles y un 2% de tóxicas.

- Si la proporción de personal difícil excede del 10% o del 2% la de tóxicas, deberemos analizar la situación y plantearnos si ello se debe a nuestra inadecuada gestión de las personas con las que trabajamos, o a que la distribución estadística nos ha jugado una mala pasada.

- Es muy importante prestar mucha atención en el proceso de incorporación de las nuevas personas trabajadoras, dado que, si no detectamos a tiempo a una persona problemática y no procedemos a su despido en el periodo de prueba, se nos va a quedar para siempre. La selección de personas ha sido siempre una tarea difícil, pero podríamos decir que hoy lo es más que nunca por la escasez en el mercado laboral de personas preparadas y que se ajusten a las necesidades de la empresa. Los altos niveles de rotación y absentismo actuales hacen que, con frecuencia, parezca que la persona entrevistada sea la que ostenta el poder en la entrevista. En el caso de la selección de personas que tienen opción a diversos puests de trabajo en diferentes empresas, es la persona candidata la que elige y decide entre las posibles alternativas, en función de las condiciones que se le ofrezcan y de sus intereses particulares en cuanto al puesto que va a desempeñar y la empresa que más le interesa, lo cual hace que a veces se tenga que seleccionar a personas que no nos convenzan al 100% debido a que carecemos de otras opciones mejores.

- Es necesario considerar que ningún mando empieza de cero con las personas a las que debe dirigir. En la mayor parte de las ocasiones, cuando un responsable de equipo entra a formar parte en un área o departamento de la empresa, debe contar con el personal que le ha sido asignado, o sea, que hereda lo bueno y lo malo de sus anteriores responsables departamentales.

- Con el transcurrir de la marcha de una empresa se producen con frecuencia cambios y traslados de personas de unos departamentos a otros, propiciados y controlados por el área de personas, y estos cambios originan que, en ocasiones, nos lleguen trabajadores problemáticos de los que han prescindido otros departamentos y con los que tenemos que apechugar y gestionarlos lo mejor posible a partir de ese momento.

- En el mismo sentido, pero a la inversa, debemos solicitar al área de personas, y poner nuestro máximo empeño en conseguirlo, que se facilite el traslado a otros departamentos de aquellas personas más problemáticas y que menos valor nos aportan.

A partir de las consideraciones expuestas, vamos a señalar las medidas que consideramos procedentes adoptar si queremos evitar tener personas difíciles o tóxicas bajo nuestro mando. A tales efectos, vamos a efectuar nuestro planteamiento en dos fases que componen la vida profesional de toda persona trabajadora, o sea, la de sus inicios, a la que hemos denominado *fase inicial,* y su desempeño, a la que hemos denominado *fase de evolución y evaluación profesional*.

5.4.1. Fase inicial

La **fase inicial** es la fase en la que una persona se incorpora a su puesto de trabajo y al equipo del que va a formar parte, y en tal sentido es muy importante llevar a cabo una serie de medidas y actuaciones como son las siguientes:

- Lo primero que procede es aplicar un buen plan de acogida, es decir, efectuar un adecuado recibimiento en el momento de la incorporación del nuevo trabajador a la empresa, y muy en especial al departamento del que va a formar parte, tratando de integrarlo adecuadamente, para lo cual se le dará información de la empresa, del área de trabajo donde va a efectuar su desempeño, de sus **derechos** y condiciones laborales tales como horarios, salario, incentivos, planes de formación, y se le presentará a los nuevos compañeros con los que se va a relacionar. Asimismo, es buen momento para conocer sus aspiraciones, motivaciones y dar respuesta a las preguntas que la persona considere oportuno efectuar.

– Tras la integración inicial es muy importante exponerle con claridad, y a poder ser por escrito sus **obligaciones**, o sea, las funciones que va a tener que desempeñar, los objetivos que va a tener que lograr y las normas que va a tener que cumplir; en definitiva, las expectativas deseadas, lo que se espera y se desea de su persona en la organización tanto en resultados como en actitudes, valores y competencias.

– Una vez expuestas las funciones y las tareas, se deberá proceder a su formación en aquellos aspectos que se consideren más relevantes y se le deberá acompañar en dicho proceso.

– Finalizada la formación inicial, se deberá comprobar que sabe hacerlo, que ha entendido lo que a partir de ese momento debe realizar en la forma adecuada. Para certificar su cualificación, lo procedente es hacer una prueba en la que nos demuestre que es capaz de hacerlo correctamente.

– En paralelo con el programa de formación establecido, se deberá comprobar que puede hacerlo, que tiene las aptitudes y los medios precisos para su desempeño, solucionando los posibles problemas y las limitaciones que se puedan presentar.

– Aunque el conocimiento que tengamos de la nueva persona trabajadora es incipiente, ello no debe ser un obstáculo para captar y comprobar que quiere hacerlo, que está motivada. Con independencia de su nivel de motivación inicial, lo procedente es darle ánimo y señalarle que cuenta con todo el apoyo del mando y de los compañeros para el adecuado cometido de su labor.

– Y, finalmente, es muy conveniente hacerle en las primeras semanas de trabajo un seguimiento próximo del debido cumplimiento de sus tareas y normas con el fin de detectar posibles errores o incumplimientos que deberán ser corregidos a la menor brevedad tratando de que no se repitan o vayan a más.

5.4.2. Fase de evolución y evaluación profesional

Una vez cubierta la fase inicial, tras unos meses de observación, llega la **fase de control de su evolución**, también llamada de **evaluación profesional**, para lo cual deberemos contemplar las siguientes medidas y actuaciones:

• Hacerle un seguimiento periódico y establecer un control del cumplimiento de las tareas que va a desempeñar, de los objetivos que debe lograr y de las normas que debe cumplir, poniendo de manifiesto lo que hace bien e identificando lo que debe corregir.

Si observamos que existe el incumplimiento de alguna de sus obligaciones, debemos preguntarnos ¿por qué sucede tal circunstancia?

- ¿Porque no sabe?
- ¿Porque no puede?
- ¿Porque no quiere?

Aunque en el siguiente capítulo profundizaremos en la forma de gestionar estas situaciones, nos parece oportuno adelantar los aspectos que estimamos procedente llevar a cabo para el desarrollo del colaborador.

- Reconocer y valorar positivamente los logros y los trabajos bien hechos. Dar un *feedback* tanto positivo como de mejora.

- Comprobar que el resto de los compañeros realizan correctamente sus tareas y cumplen las normas establecidas, poniendo de manifiesto los incumplimientos, a fin de corregirlos de forma oportuna, tratando de evitar el efecto contagio al resto de los componentes del equipo.

- Aplicar un estilo de dirección participativo, basado en la confianza y en la libertad acompañada de la adecuada responsabilidad.

- Informar con plena transparencia de lo que sucede en la empresa y en el área de trabajo.

- Proporcionar una adecuada comunicación bidireccional donde cada una de las partes pueda expresar, con libertad y respeto, lo que en cada momento se considere oportuno.

- Dar participación, si se puede, en el establecimiento de los objetivos, en la organización y forma de ejecución de sus tareas, así como en la toma de decisiones que afectan a su ámbito operativo.

- Motivar tratando de conocer su grado de satisfacción con el desempeño de sus funciones y con la empresa, así como sus demandas y aspiraciones.

- Potenciar su desarrollo profesional tanto en el ejercicio de sus funciones como asistiendo a programas de formación que posibiliten nuevos conocimientos y desarrollo de habilidades.

- Dar confianza a través de delegación de tareas más amplia, otorgamiento de medios, capacidad de decisión en la resolución de problemas, así como la asignación de proyectos de mayor complejidad y responsabilidad.

- Evaluar una vez al año, mediante una entrevista personal en la que se le indicara lo que a juicio del mando superior hace bien y aquello en lo que debe mejorar. Tras un cambio de impresiones y valoraciones, se establecerá un plan de actuación con los compromisos de mejora establecidos y con los apoyos de medios y formación que desde el mando se proporcionará.

Un error frecuente que cometen muchas de las empresas con las que trabajamos es que la evaluación y el seguimiento solo se hacen mientras la persona está a prueba, pero una vez que se le comunica que se cuenta con ella de manera indefinida se le deja de dar el necesario *feedback* de desempeño o de mejora.

5.5. Gestión de comportamientos y consecuencias

Como ya hemos señalado repetidamente, no hay acto tan desmotivador como tratar igual a los desiguales. La política del café para todos, la de no discriminar a nadie para eludir reclamaciones y que algunas personas se puedan sentir ofendidas, es uno de los modelos de actuación que más daño causan en las empresas actualmente.

Cuando se trata igual a los buenos que a los malos, la experiencia nos dice que, con el tiempo, obtenemos la desmotivación de las personas más valiosas, de las que más contribuyen al logro de los resultados.

¿Cuál es la medicina práctica que corresponde aplicar en estas situaciones? ¿Cómo se puede evitar que esto suceda? ¿Cómo se puede corregir este tipo de deficiencias? ¿Cómo procede actuar?

La mejor forma de dirigir equipos humanos consiste en fomentar la responsabilidad y proporcionar cotas graduales de libertad y autonomía en la medida en que los colaboradores actúan correctamente y se hacen responsables de sus obligaciones. Hemos de tener la plena convicción de que la combinación de libertad y responsabilidad es la que a la larga produce los mejores resultados. Este es el camino que tenemos que recorrer.

Ahora bien, tampoco hay que ser ingenuos y pensar que de la noche a la mañana se consigue transformar irresponsables en responsables, desmotivados en motivados. El crecimiento profesional y la asunción de responsabilidades es un proceso que lleva su tiempo.

Por ello, paralelamente al proceso de potenciación de la responsabilidad y el fomento de la autonomía, mientras avanzamos por el referido camino, si de verdad queremos actuar de forma correcta, si pretendemos hacer frente y reorientar este tipo de situaciones, el recorrido es claro. Lo primero que debemos hacer es no cerrar los ojos, pues no hay más ciego que quien no quiere ver una situación en descomposición, tomar conciencia de que los comportamientos de los trabajadores y los resultados que estos obtienen están, en gran medida, condicionados e influenciados por las consecuencias **inmediatas y seguras** que se derivan tanto de los comportamientos positivos como de los negativos.

Parece obvio pensar que un comportamiento bueno o positivo, por ejemplo, la obtención de unos resultados satisfactorios origina unas consecuencias positivas para su realizador y, al contrario, las actuaciones deficientes deberían originar unas consecuencias negativas. Sin embargo, tal y como hemos expuesto con anterioridad, con mucha frecuencia esto no ocurre así en la práctica, sino al contrario: el efecto es el inverso. Como hemos señalado, a menudo nos aprovechamos de la persona trabajadora considerada como buena al cargarla de trabajo y responsabilidades, mientras que a la considerada como mala la dejamos un poco de lado viviendo cómodamente con una baja presión, o sin presión. Así, con el tiempo, los buenos toman ejemplo de los malos, se contagian como una manzana sana lo hace de otra podrida y termina creándose un ambiente de deterioro, de desmotivación y, en consecuencia, de insatisfactorios resultados generales.

FIGURA 5.1
GESTIÓN DE CONSECUENCIAS

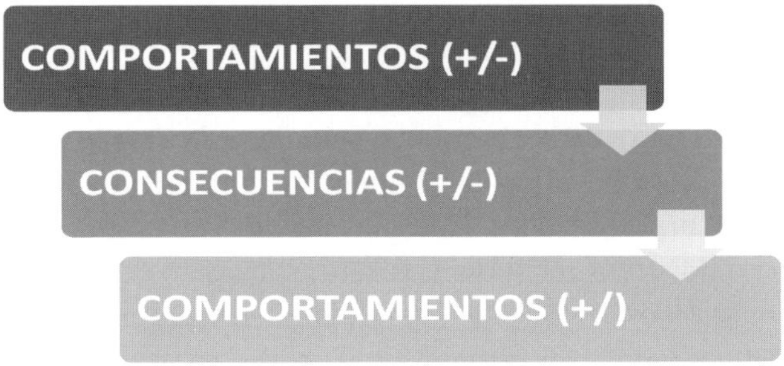

COMPORTAMIENTOS (+/-)

CONSECUENCIAS (+/-)

COMPORTAMIENTOS (+/)

Fuente: Elaboración propia.

La razón por la cual en muchas empresas y organizaciones existe una baja productividad, un mal ambiente de trabajo, empleados desganados, desmotivados y conflictivos se debe, en gran medida, a las actuaciones incorrectas de los mandos que no han sabido detectar o frenar a tiempo comportamientos indebidos, haciendo la vista gorda ante actuaciones profesionales inaceptables debido a que les resulta más cómodo no afrontarlas, considerando que así se evitan líos y, en especial, porque dentro de la empresa se ha extendido la cultura de que lo inteligente es no meterse con nadie, no te vayan a denunciar por acoso o por *mobbing*.

Podemos tener la absoluta seguridad de que, cuando las personas trabajadoras tienen claro que incumplir una función, saltarse una norma o incumplir un objetivo no tiene consecuencias negativas **inmediatas y seguras**, con el tiempo, la degradación será evidente. De esta forma es imposible dirigir adecuadamente una empresa o departamento y menos mantener en orden una organización.

Saliéndonos del ámbito estrictamente laboral y pasándonos al social, nos podemos formular la siguiente pregunta: ¿Por qué fuma la gente? No es lógico que tantos millones de personas fumen, cuando machaconamente en los propios paquetes de cigarrillos, en la prensa y en la televisión, se informa de que fumar mata, que provoca cáncer en los pulmones, que provoca impotencia, que envenena el ambiente, que… Y, sin embargo, son muchos los que siguen fumando. ¿Por qué? Pues muy sencillo: porque no se lo creen, porque las consecuencias no son **ni inmediatas ni seguras**. ¿Cree el lector o lectora que los fumadores fumarían un cigarrillo más si estuviesen seguros de que van a morir de forma inmediata? ¿Verdad que no? Claro que no. Salvo quien quiera suicidarse, nadie a conciencia se toma un trago de lejía ni un chupito de veneno ni coge un cable de alta tensión, porque tienen la absoluta seguridad de que la muerte es inmediata y segura. Pues lo mismo ocurre y debe ocurrir en el ámbito laboral. Si los trabajadores supiesen que las consecuencias derivadas de sus comportamientos, buenos o malos, van a ser buenas o malas, **inmediatas y seguras**, no hay que dudar, los mejorarían.

La persona trabajadora debe tener claras las consecuencias de sus comportamientos. Una persona debe conocer de antemano con seguridad las repercusiones de sus actos. Por ello, **las consecuencias deben ser claras, previsibles, proporcionadas y coherentes**. Todo el mundo las tiene que conocer con claridad, a nadie le debe sorprender sus efectos y, finalmente, deben ser lógicas.

Hoy más que nunca es preciso aprender a motivar a los trabajadores propiciando su participación, dando confianza y otorgando la mayor autonomía posible, pero no olvidemos que **la libertad debe ir estrechamente relacionada con la responsabilidad**. Un cierto orden y disciplina es básico para el buen funcionamiento de cualquier organización. Seamos claros y previsibles en las reglas de juego, favorezcamos y estimulemos los comportamientos positivos, observemos estos y cuando detectemos actuaciones superiores a lo esperado reconozcámoslas, apliquemos refuerzos positivos y, a la inversa, actuemos con serenidad pero con rigor y corrijamos con firmeza los comportamientos negativos. Todos estos aspectos entran dentro del campo de la gestión de personas difíciles y tóxicas y sobre ellas vamos a profundizar a continuación.

5.6. Cambios de comportamientos

Tenemos que tener claro que el conocimiento, por sí solo, no produce un cambio del comportamiento. El cambio de comportamiento de una persona, seamos nosotros mismos u otra persona, requiere contemplar algo más que saber que una actuación determinada es correcta o no, tal y como vamos a exponer a continuación.

Asimismo, tenemos que ser conscientes de que no es fácil producir un cambio comportamental en nosotros mismos y menos en los demás, debido a que no estamos diseñados para el cambio; lo estamos para la repetición de conductas y comportamientos.

- Nadie cambia de comportamiento si no quiere cambiar o no tiene una necesidad imperiosa de hacerlo. Por eso:

- Nadie cambia **si no toma conciencia** de que su comportamiento actual es perjudicial para su persona o para los demás.

- Nadie cambia **si no se quiere** cambiar, a pesar de que se admita que es malo o que no le importa causar perjuicio a los demás.

Y nadie cambia si el comportamiento que se pretende cambiar **no se convierte en un hábito**. No vale, es insuficiente, con que se haga una o dos veces; hay que aplicar la regla del 30, o sea, hacerlo 30 veces consecutivas. No vale con dejar de fumar o de drogarse dos días si se hace al tercero.

Cuando una persona vive obsesionada con un problema, su comportamiento va a estar totalmente condicionado por su obsesión: no tendrá ojos ni oídos ni corazón más que para ese problema y, por mucho que tratemos de ayudarla, se mantendrá en su posición.

No olvidemos que las personas que más problemas tienen son las que menos se dejan ayudar, no lo aceptan. ¿A qué se debe ello? Quizás a que no son conscientes de su problema, que no lo asumen, que no quieren cambiar, o quizás consideran que el problema lo tienen dominado o controlado como es el caso de muchas personas adictas a las drogas. En cualquiera de los casos, el que puedan cambiar es muy improbable, por no decir imposible si, como decimos, no desean ser ayudadas.

FIGURA 5.2
CAMBIOS DE COMPORTAMIENTO

CAMBIOS DE
COMPORTAMIENTO

- **TOMAR CONCIENCIA**
- **DEFINIR POR ESCRITO**
- **QUERER CAMBIAR**
- **CREER QUE ES POSIBLE EFECTUAR EL CAMBIO**
- **ACTUAR GRADUALMENTE HASTA CONVERTIR EN UN HÁBITO**
- **SUPERAR LOS OBSTÁCULOS Y LAS DIFICULTADES**
- **CONTROLAR Y MEDIR EL PROGRESO**

Fuente: Elaboración propia.

Por tanto, si de verdad queremos cambiar o deseamos ayudar a otra persona en un proceso de cambio, deberemos contemplar las siguientes fases de actuación:

1. *Tomar o hacerle tomar conciencia,* en el caso de que sea otra persona, del comportamiento que hay que cambiar. Para ello, el ejercicio de la introspección y de la humildad es absolutamente necesario.

2. *Definir por escrito* el comportamiento que deseamos cambiar dejando claro el objetivo que se persigue, las acciones que hay que realizar, los plazos que establecemos para cada acción, así como los medios y apoyos que consideramos necesario contemplar.

3. *Querer cambiar.* Asumir la responsabilidad y el compromiso de desear efectuar el cambio.

4. *Creer que es posible* efectuar el cambio de comportamiento. Autoconvencerse de que se va a conseguir. Visualizar el cambio. Todo cambio empieza en la cabeza, en el pensamiento, y del pensamiento y de la voluntad, se pasa a la acción.

5. *Actuar gradualmente hasta convertirlo en un hábito.* Repetirlo las veces necesarias con autodisciplina, constancia y perseverancia.

6. *Superar los obstáculos y las dificultades* que seguro se van a encontrar en el camino. Evitar las excusas. No rendirse, persistir en el empeño y, si nos caemos, levantarse y seguir luchando hasta conseguirlo.

7. *Controlar y medir el progreso.*

CHECKLIST DE SEGUIMIENTO CAMBIO DE COMPORTAMIENTO

Con el fin de determinar, medir y facilitar el progreso en los cambios de comportamiento propuestos, propios o de otras personas, te presentamos el siguiente *checklist*:

FASE 1. DEFINICIÓN, ACCIONES, PLAZOS, MEDIOS Y OBSTÁCULOS PREVISIBLES
¿Qué comportamiento quiero cambiar? – Objetivo medible.
....

¿Qué acciones voy a realizar al efecto, en qué plazos y con qué medios voy a contar?

	Acciones	Plazos	Medios
1			
2			
3			
4			

¿Qué obstáculos estimo que se van a presentar y cómo superarlos?
1. ....
2. ....

FASE 2. SEGUIMIENTO ACCIONES Y PROGRESO
Seguimiento 1 – Fecha establecida:
Previsto:
Realizado:

Seguimiento 2 – Fecha establecida:
Previsto:
Realizado:

Seguimiento 3 – Fecha establecida:
Previsto:
Realizado:

6

Cómo gestionar personas difíciles y tóxicas

6.1. Opciones existentes en la gestión de personas difíciles y tóxicas

Cuando entre nuestros colaboradores tenemos a una persona que no cumple adecuadamente con sus obligaciones, sean funciones, objetivos, normas o valores empresariales porque no quiere hacerlo, tenemos únicamente **dos posibles opciones de actuación**, no hay más.

- La primera es no hacer nada, hacer la vista gorda, eludir el problema y así evitar conflictos personales. En definitiva, adoptar una **actitud pasiva**.

- La segunda es hacer frente a la situación a través de una adecuada gestión del problema y de la persona, tal y como vamos a presentar a continuación. Es adoptar una **actitud activa** ante la situación.

La primera de las alternativas, o sea, la de no hacer nada, es una posición adoptada por muchos mandos en todos los ámbitos organizativos, especialmente en algunos sectores, como es el caso del sector público, donde muchos jefes no actúan como tales dando muestras de total pasividad ante tales comportamientos improcedentes; y también en las cooperativas laborales, donde la condición de socio iguala a mandos y trabajadores, lo cual lleva a los primeros a actuar con prudencia, incluso con indiferencia y cierto pasotismo, de acuerdo con un sistema procedimental en el que apenas se sanciona nunca a nadie por temor a alterar las relaciones personales. Y finalmente tenemos a muchas empresas privadas, donde frecuentemente llamar la atención a una persona incumplidora está fuera de toda práctica de gestión. Este tipo de actitud y de actuación por parte de los mandos conduce a que, con el tiempo, se corra el riesgo de que los malos comportamientos sean imitados por otras personas y se extiendan a la mayor parte del colectivo. Volvemos a repetir el caso de la manzana podrida que, si se coloca en un cesto repleto de manzanas sanas, con el tiempo, hará que todas se estropeen.

Si optamos por la segunda de las opciones, la de hacer frente a la situación, tenemos que ser conscientes de que, hagamos lo que hagamos, nunca vamos a tener la garantía de que la persona incumplidora vaya a corregir su comportamiento inadecuado; no obstante, ello no debe ser motivo para no actuar. Tenemos que tener muy claro, tal como hemos señalado con anterioridad, que las personas que no asumen un incumplimiento y las que no quieren cambiar su incorrecto comportamiento, lo más probable es que no lo vayan a hacer nunca. Por tanto, el seguir esta opción tiene la ventaja de que nos puede llevar, en algunas ocasiones, a solucionar el problema y, en el peor de los casos, a evitar que otras personas, a la vista de lo acaecido al compañero incumplidor, actúen correctamente, evitando así el efecto contagio que se puede suscitar cuando las personas no cumplen con sus obligaciones.

Bajo nuestra perspectiva, esta segunda alternativa es la que consideramos como la más aconsejable, la que recomendamos firmemente llevar a cabo con todas las consecuencias, si bien debemos hacerlo en la forma correcta y siguiendo el proceso y las indicaciones que vamos a presentar a continuación.

6.2. Diferencia entre corrección puntual y gestión de personas difíciles y tóxicas

Si optamos por el camino activo, o sea, por el de hacer frente a la situación de incumplimiento voluntario de una obligación o a la de quebrantamiento de una norma o valor organizativo, debemos considerar y diferenciar dos situaciones que se nos pueden presentar y que corresponde abordar de distinta forma, ya que cada una de ellas tiene un tratamiento particular. Estas situaciones pueden ser:

1) Incumplimientos puntuales.

2) Incumplimientos reiterados y faltas leves.

Así, nos podemos encontrar frecuentemente con incumplimientos puntuales de obligaciones y normas, incluso por parte de personas consideradas como buenas trabajadoras, que, en un momento determinado, se saltan el cumplimiento de una de ellas; sea el caso, por ejemplo, de una persona que en un marco de riesgo leve no lleva puesto el casco protector obligatorio, las gafas o el calzado reglamentario. Estas situaciones puntuales requieren ser corregidas de la forma adecuada mediante un procedimiento que vamos a exponer más adelante, pero no las contemplamos dentro del proceso de gestión que seguir con las personas difíciles y tóxicas que vamos a presentar seguidamente, siempre y cuando, insistimos, sean situaciones puntuales y no repetitivas.

Recordemos que hemos definido como **persona difícil** a aquella que incumple sus obligaciones, quebranta alguna norma, bien porque no puede o no quiere cumplirla, que nos origina problemas, pero cuyo daño queda limitado al ámbito de la propia persona, mientras que **persona tóxica** es aquella que, además de incumplir con sus obligaciones, extiende sus efectos nocivos a otras personas, originando un contagio perjudicial tanto para los compañeros como para la organización.

Por tanto, la gestión de personas difíciles y tóxicas es necesaria en estas situaciones:

- El incumplimiento de tareas y normas calificadas como leves es reiterado.

- El carácter de las faltas efectuadas puede ser calificadas como graves o muy graves.

- Son causa de conflictos derivados del enfrentamiento, en público o en privado, ante una orden dada por su mando.

- Provocan malas relaciones personales bien con clientes o con compañeros.

- Y, muy en especial, cuando la persona infractora contagia a otros compañeros su mal comportamiento.

Todas estas situaciones procede abordarlas con inteligencia, prudencia y mucha paciencia, para lo cual vamos a presentar a continuación el proceso que debe seguirse al efecto en cada uno de los casos apuntados.

A modo de preámbulo, nos parece oportuno poner de manifiesto que tanto en los casos de incumplimientos puntuales como en los reiterados, así como ante el quebrantamiento de faltas graves **no existen recetas mágicas**, no existen fórmulas que nos garanticen el éxito en su gestión. En las páginas siguientes vamos a presentar procesos de actuación que estimamos que pueden ser de utilidad y que recomendamos que sean llevados a cabo, ya que nos pueden permitir estructurar las acciones correctivas que se van a aplicar, si bien queremos dejar muy claro que no podemos garantizar que funcionen en todos los casos, dado que cada situación y cada persona es un mundo complejo y es imposible generalizar, pero sí nos pueden ayudar a incrementar significativamente las probabilidades de éxito.

Los procesos que vamos a desarrollar a continuación son los siguientes:

1. Proceso de gestión de personas que incumplen sus obligaciones de forma puntual o quebrantan normas catalogadas de leves.

2. Proceso de gestión de personas difíciles y tóxicas en general.

3. Proceso de gestión de personas que quebrantan normas catalogadas como muy graves aunque sea una vez.

4. Proceso de gestión de personas que incumplen sus obligaciones de forma reiterada o quebrantan normas catalogadas de graves.

5. Proceso de gestión de personas cumplidoras con su trabajo pero que originan problemas variados con su comportamiento improcedente.

Veamos cada uno de ellos.

6.3. Proceso de gestión de personas que incumplen sus obligaciones de forma puntual o quebrantan normas catalogadas de leves

Todo mando debe asumir, como tarea propia y habitual, el observar, controlar y hacer frente a los incumplimientos de las obligaciones profesionales y de las normas que deben cumplir las personas que se hallan bajo su ámbito de influencia, sean buenos o malos trabajadores. Nadie está libre, ni siquiera los buenos trabajadores, de las consecuencias que se pueden derivar de saltarse en un momento determinado una norma de carácter leve o de efectuar un incumplimiento, tanto de forma voluntaria como involuntaria.

FIGURA 6.1
PROCESOS DE GESTIÓN

Proceso de gestión de personas que incumplen sus obligaciones de forma puntual o quebrantan normas catalogadas de leves.

Proceso de gestión de **personas difíciles y tóxicas en general**.

Proceso de gestión de personas que quebrantan **normas catalogadas de muy graves** aunque sea una vez.

Proceso de gestión de personas que incumplen sus obligaciones de **forma reiterada** o quebrantan **normas catalogadas de graves**.

Proceso de gestión de **personas cumplidoras** con su trabajo, **pero que originan variados problemas**.

Fuente: Elaboración propia.

Por ello, en los casos de incumplimientos puntuales o si se cometen faltas leves, a nuestro juicio, lo procedente y más efectivo es el efectuar una advertencia moderada y respetuosa, acompañada de muestras de afecto y apoyo. Ante estos casos de incumplimientos puntuales y quebrantamiento de faltas leves, no es oportuno hacer llamadas de atención o amonestaciones en un tono que pueda resultar amenazante, violento o agresivo para la persona incumplidora.

Lo procedente y razonable en estas situaciones es:

- Presentar y demostrar a la persona infractora su incumplimiento tras la descripción de la falta cometida. Una clave importante es precisamente hablar de los hechos objetivamente acaecidos, evitando siempre cualquier tipo de valoración personal. Por ejemplo: «Ayer por la mañana observé que accediste a la zona de producción sin el calzado reglamentario».

- Hacerlo en privado.

- Hacerlo con respeto, tacto e inteligencia, en especial, si la persona trabajadora la tenemos considerada como «buena», no sea que si se hace de una manera incorrecta pueda producir efectos negativos, malestar o desmotivación en la persona afectada.

- Hacerle ver la gravedad y la importancia del hecho producido, así como las consecuencias de su comportamiento. Por ejemplo: «Me gustaría comentarte algo. Ayer por la mañana observé que accediste a la zona de producción sin el calzado reglamentario. Seguramente tendrías una razón para ello y no la cuestiono, pues para mí también resulta engorroso cambiarme de calzado para cinco minutos, pero es importante que el resto de los compañeros nos vea cumplir la normativa en el 100% de los casos. Si las personas operarias no nos ven cumplir con lo que les pedimos, tampoco lo harán ellas. Por eso te pido que, aunque te cueste, no lo vuelvas a hacer para evitar así el incumplimiento de otras personas».

- Mostrar una actitud positiva y constructiva.

- Cuidar las formas. Mantener la calma. No elevar el tono de voz.

- Tras haberle expuesto la situación, escucharle atentamente.

- Comprobar que acepta y asume su incumplimiento.

- Adoptar una actitud positiva hacia la persona.

- Confiar en que va a corregir el comportamiento y este no se va a repetir.

- Tratar de terminar la conversación de forma cordial y positiva.

Es importante, en el ejercicio de la dirección y del control que debe ser llevado a cabo por el mando en los casos en los que una persona haya cometido una falta leve de forma puntual, hacerlo con mucho tacto y prudencia.

Es más, y aunque a alguien le pueda sorprender, incluso entendemos que puede parecer una contradicción con lo expuesto anteriormente, pero, en ocasiones, ante pequeñas faltas leves, recomendamos inclusive hacer la vista gorda y no intervenir. Sea el caso, por ejemplo, un retraso en la entrada un determinado día cuando la persona en cuestión es puntual y fiel cumplidora de sus obligaciones profesionales o en el caso del incumplimiento de una tarea no clave en un proceso de trabajo. En tales situaciones, lo oportuno es tomar buena nota de la infracción y no intervenir, dejando que se acumulen varios retrasos o incumplimientos y, cuando tal circunstancia se produzca, actuar en consecuencia. Hemos señalado con anterioridad que la inteligencia y el senti-do práctico debe ser una cualidad que debe acompañar a todo mando en el ejercicio de la dirección de personas. Otro caso diferente es cuando se repiten las faltas o se comete una infracción grave; entonces y ante tales circunstancias, se deberá actuar siguiendo el proceso que presentamos a continuación.

6.4. Proceso de gestión de personas difíciles y tóxicas en general

Tal como hemos señalado con anterioridad, cuando una persona no cumple con sus obligaciones de forma reiterada o quebranta normas fundamentales catalogadas como graves por la organización, nos tenemos que preguntar: ¿por qué no cumple con sus obligaciones? ¿Por qué las quebranta?

FIGURA 6.2
PROCESOS DE GESTIÓN

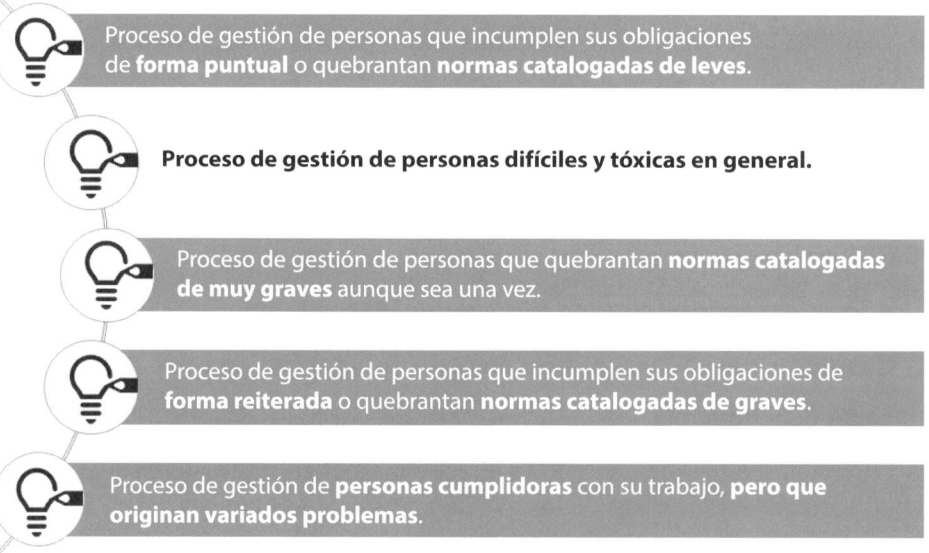

Proceso de gestión de personas que incumplen sus obligaciones de **forma puntual** o quebrantan **normas catalogadas de leves**.

Proceso de gestión de personas difíciles y tóxicas en general.

Proceso de gestión de personas que quebrantan **normas catalogadas de muy graves** aunque sea una vez.

Proceso de gestión de personas que incumplen sus obligaciones de **forma reiterada** o quebrantan **normas catalogadas de graves**.

Proceso de gestión de **personas cumplidoras** con su trabajo, **pero que originan variados problemas**.

Fuente: Elaboración propia.

Como hemos señalado anteriormente, pueden ser tres las razones:

- Porque no sabe.

- Porque no puede.

- Porque no quiere.

Aunque ya nos hemos referido a ello, nos parece oportuno profundizar y ampliar el campo de medidas que es posible adoptar en cada uno de los casos que nos puedan afectar. Vayamos uno por uno, y empezamos:

FIGURA 6.3
DIAGNÓSTICO DE PERSONA INCUMPLIDORA

Fuente: Elaboración propia.

6.4.1. Porque no sabe

Si no sabe, la solución es fácil: se le informa o se le forma al respecto y, una vez comprobado que nos ha entendido, podemos dar por resuelto el problema y la situación.

En este caso, cuando alguien incumple sus obligaciones por no saber, nos parece oportuno señalar que, bajo nuestro criterio, esta persona no es problemática ni difícil ni tóxica; simplemente es alguien que desconoce lo que debe hacer, al carecer de los conocimientos necesarios para la realización de su cometido profesional.

La situación de no saber es la más sencilla y fácil de resolver. El problema nos viene cuando, partiendo de que la persona sabe, tenemos que determinar si el incumplimiento es porque no puede o porque no quiere.

A la hora de enfrentarnos a resolver este dilema de tener que optar entre que no puede o no quiere, debemos señalar que **no existe ningún sistema ni herramienta** que nos permita determinar con seguridad si el incumplimiento se debe a que no puede o a que no quiere. Debemos apostar por una u otra de las opciones con los riesgos y consecuencias que entraña el equivocarnos en nuestra apreciación.

- *Si pensamos que no puede y es que no quiere*, nuestro error de apreciación nos puede llevar a que el tratamiento que le apliquemos sea más indulgente que en el caso inverso y que sus efectos sean escasamente satisfactorios.

- *Si pensamos que no quiere y es que no puede,* le vamos a aplicar un proceso correctivo más exigente que, además de ser inoperante, tampoco va a ser efectivo, dado que, cuando la persona no puede, cuando alguien tiene limitadas sus capacidades y aptitudes, por mucho que nos empeñemos, nunca va a poder. Aunque la presionemos, aunque la amonestemos, inclusive la sancionemos, la persona afectada no va a poder hacer lo que pretendemos que haga debido a que, seamos realistas, no puede.

Ocurre con mucha frecuencia que algunas personas presentan problemas en el desempeño de su trabajo y no se debe a una falta de interés o a una actitud negativa, sino simplemente se debe a que no saben hacerlo. En muchos casos, los errores y fallos en el trabajo se deben a lagunas de conocimiento o falta de formación en ciertos procedimientos específicos.

Veamos un ejemplo de lo que venimos comentando. Hace tres años tuvimos conocimiento de un caso en una de nuestras empresas clientes que por su adaptación al ámbito que nos ocupa nos parece oportuno exponer. Se trataba de un técnico de instalaciones eléctricas, con experiencia previa aparentemente adecuada, que cometía errores en su trabajo debido a la falta de dominio de normativas y procedimientos de trabajo específicos aplicados en la empresa. Gracias a una intervención temprana y a un plan de formación adecuado, la situación se corrigió y hoy en día este trabajador desempeña su labor de manera eficiente. A continuación, compartimos este caso para observar cómo procedió la empresa y así poder extraer algunas conclusiones que puedan resultar útiles para el lector. Por razones de confidencialidad, hemos cambiado los nombres reales tanto de la empresa como de las personas intervinientes.

El protagonista de este caso es Carlos Gómez, quien se incorporó a Instalaciones Eléctricas Tolosa, S. L. hace dos meses como técnico de instalaciones eléctricas. Poseía experiencia en el sector y una titulación en Formación Profesional acorde al puesto. Sin embargo, en las primeras semanas de trabajo, su supervisora, Marta Tellería, detectó que Carlos cometía errores en la ejecución de las instalaciones eléctricas que llevaba a cabo, lo que evidenciaba un desconocimiento de ciertas normativas y procedimientos técnicos específicos de la empresa o bien una falta de atención y rigor en su desempeño.

A raíz de los errores detectados, Marta revisó el trabajo de Carlos con más detalle y verificó que su conocimiento sobre interpretación de planos y esquemas eléctricos no era suficiente y que había actuado en los trabajos que había realizado más por imitación a sus compañeros que por un seguimiento riguroso de los esquemas de la instalación. Además, algunos compañeros señalaron que Carlos tenía dudas recurrentes sobre normativas de seguridad y ejecutaba las instalaciones sin seguir con rigor los esquemas eléctricos facilitados por la empresa para cada instalación.

Ante esta situación, Marta decidió intervenir directamente y programó una reunión con Carlos para abordar la situación y plantearle una solución. El objetivo de la conversación fue hacerle una evaluación de su desempeño inicial, señalar las áreas de mejora y presentarle un plan de formación adaptado a sus necesidades.

Durante la reunión, Marta le comunicó en primer lugar los aspectos positivos que se podían destacar de su desempeño, tales como:

- Puntualidad y responsabilidad en el trabajo. Siempre cumplía con los horarios y mostraba disposición para aprender.

- Buena actitud con los compañeros y predisposición a integrarse en el equipo.

A continuación, también le señaló los aspectos en los que debía mejorar:

- Se identificaron los errores técnicos detectados en las instalaciones eléctricas ejecutadas.

- Se evidenció una falta de seguimiento de los esquemas de instalación diseñados en cada caso y desconocimiento de ciertas normativas eléctricas que eran claves en la empresa.

- Se resaltó la importancia de corregir estos errores, ya que podrían afectar a la seguridad de las personas y al correcto funcionamiento de las instalaciones.

Carlos reconoció que en sus trabajos anteriores no acostumbraba a seguir unos esquemas tan detallados para la realización de su trabajo y que, aunque intentaba seguir las indicaciones de la empresa, algunas cuestiones le resultaban nuevas. Manifestó su disposición a mejorar y recibir cualquier apoyo necesario.

Ante esta respuesta, Marta le presentó un plan de formación diseñado específicamente para reforzar estos aspectos. El plan constaba de tres fases:

1. *Formación teórica (semanas 1 y 2)*. Un compañero de mayor experiencia le impartiría sesiones sobre la normativa vigente, los procedimientos correctos de instalación y la interpretación detallada de los esquemas eléctricos con los que habitualmente trabaja la empresa. Además, se le proporcionaría acceso a la normativa técnica y a los procedimientos de trabajo internos.

2. *Práctica supervisada (semanas 3 y 4)*. Carlos realizaría instalaciones bajo la supervisión directa de otro compañero para asegurarse de que aplicaba correctamente lo aprendido.

3. *Evaluación y seguimiento (semana 5 en adelante)*. Se revisaría su trabajo de campo y se llevarían a cabo reuniones de seguimiento para aclarar cualquier duda y evaluar su progreso.

Carlos valoró positivamente este enfoque, ya que no solo se le señalaban sus errores, sino que se le brindaba una oportunidad para mejorar. Además, se comprometió a poner todo su interés y esfuerzo en cada fase para asegurarse de que la formación era útil y aplicable.

Han pasado tres meses desde la conversación con Marta y los resultados han sido satisfactorios. Carlos ha demostrado una notable mejoría en la aplicación de las normativas y los procedimientos, y su desempeño en la ejecución de instalaciones eléctricas ha mejorado significativamente. Marta y el resto de los supervisores han destacado su evolución y su actitud proactiva hacia el aprendizaje.

¿Qué podemos aprender de este caso?

- La importancia de identificar correctamente la causa de un bajo desempeño. En este caso, se trataba de una falta de conocimiento (no saber) y no de capacidad o de falta de interés o actitud negativa.

- El valor de estructurar un plan de formación cuando se detectan lagunas de conocimiento. Una intervención temprana puede evitar problemas mayores en el futuro.

- La conveniencia de mantener una conversación respetuosa donde, además de señalar las áreas de mejora, se reconozcan los aspectos positivos del trabajador.

- La importancia de ofrecer apoyo y formación en lugar de recurrir directamente a medidas disciplinarias.

- El seguimiento constante y la evaluación del progreso del trabajador al final del periodo establecido son claves para asegurar que la formación es efectiva.

- El refuerzo positivo y el compromiso del empleado en su propio aprendizaje son igualmente fundamentales para lograr mejoras en el desempeño.

Este caso demuestra que, cuando un problema de desempeño es causado por una falta de conocimiento, es decir, porque **no sabe**, la mejor solución es la capacitación adecuada y un seguimiento estructurado. De esta manera, la empresa no solo soluciona el problema, sino que también potencia el desarrollo profesional de sus personas trabajadoras, logrando un equipo más preparado, eficiente y comprometido.

6.4.2. Porque no puede

Si estamos ante un caso que consideramos que **no puede**, deberemos profundizar y determinar con claridad si se trata:

A. De un no poder físico.

B. De un no poder psíquico o mental.

C. De un no poder social.

D. De un no poder por desfase generacional.

En cualquiera de los cuatro casos apuntados, también deberemos contemplar: si es un no poder transitorio/circunstancial o es un no poder permanente y definitivo.

Hay personas que tienen **limitaciones e impedimentos físicos** para realizar adecuadamente su cometido profesional, como son los casos de quien ha sufrido la fractura de un brazo o una pierna, padece una hernia de disco, el de una mujer embarazada, así como también quienes, por su avanzada edad, no tienen la fuerza, la capacidad o las aptitudes precisas para llevar a cabo las tareas establecidas por la organización. Y en este apartado también podemos contemplar a personas que han sufrido problemas graves de salud como infartos, ictus u otro tipo de enfermedades similares. Todas estas causas son de orden físico.

Un segundo grupo de personas que no pueden lo constituyen aquellas que sufren **patologías relacionadas con la salud mental**. Son personas que padecen disfunciones sensoriales, depresiones, ansiedad y desequilibrios emocionales. Al igual que los físicos, tienen evidentes limitaciones e incapacidad para hacer su trabajo en las condiciones debidas y en el modo en que lo puedan realizar sus compañeros.

Un caso del que hemos tenido conocimiento de forma reciente, y que podemos incluir perfectamente en este grupo de patologías relacionadas con la salud mental, es la situación a la que un encargado de planta tuvo que hacer frente cuando dos carretilleros bajo sus órdenes tuvieron un enfrentamiento violento en el que llegaron a las manos. De nuevo, por razones de confidencialidad, hemos cambiado los nombres reales.

De los dos carretilleros, el primero, al que vamos a denominar Álvaro, se caracterizaba por ser violento, fácilmente irascible y por haber tenido altercados con varios de sus compañeros en ocasiones anteriores. El segundo, al que vamos a denominar Borja, es una persona tranquila y con comportamientos que podemos identificar como normales.

Un día, por una circunstancia injustificada, Álvaro no realizó una tarea en la forma procedente y su incumplimiento afectó a Borja. Al ser recriminado Álvaro por Borja, ambos trabajadores discutieron en tono muy elevado en la planta de trabajo, delante de todos sus compañeros; en el transcurso de la confrontación, Álvaro profirió varios insultos a Borja, a los que Borja respondió en la misma medida, llegando a un punto en el que Álvaro agredió físicamente a Borja y este le devolvió la agresión a Álvaro hasta que llegó el encargado de ambos, quien, junto con otros compañeros, los separó.

Tras el análisis del caso ocurrido, la empresa decidió sancionar a ambos trabajadores con 20 días de empleo y sueldo.

Al cabo de los 20 días, cumplida la sanción, ambos trabajadores volvieron a su puesto de trabajo. Entonces el encargado consideró oportuno hablar con los dos colaboradores y solicitarles que se pidiesen disculpas mutuamente y se diesen la mano. El encargado tuvo la impresión de que el asunto iba a quedar zanjado cuando Borja dio la mano a Álvaro pidiéndole disculpas, y este en lugar de darle la mano y proceder a la reconciliación, le volvió a agredir con dos puñetazos en la cara.

Ante este comportamiento nuevamente agresivo de Álvaro, la empresa decidió despedirle inmediatamente.

Bien, aquí tenemos un caso, más habitual de lo que nos pueda parecer, de la existencia de personas que llevan la agresividad y sus impulsos más primarios consigo mismas, que son reactivas ante lo que ellas interpretan como una amenaza de la cual deben defenderse y saltan a la menor circunstancia que les origina conflicto; son las que popularmente son conocidas como «de mecha corta». Son personas que, tras los incidentes que provocan, es frecuente que se les pase fácilmente y no recuerdan sus incorrectos comportamientos aunque el daño esté hecho. Pues bien, estas personas son así y no van a cambiar nunca. Si la persona a la que llamamos Álvaro vuelve a encontrar trabajo en otra empresa, es muy probable que ante un nuevo incidente similar vuelva a repetir un comportamiento agresivo. Es casi seguro que el despido no le haya servido de nada al ser una persona que no puede controlarse, que sufre una falta de control emocional y que, por mucho que nos empeñemos, no va a cambiar porque no puede hacerlo. Su mal carácter le puede.

Igualmente, entre los casos de **no poder** por patología asociada a salud mental, existe un colectivo, que podríamos incluir perfectamente en este apartado y que en nuestra experiencia profesional son el origen de innumerables conflictos y problemas de relación. Nos estamos refiriendo a las personas que sufren el efecto Dunning–Kruger, que se caracterizan porque tienen un sesgo cognitivo de pensar y juzgar erróneamente sus aptitudes, por lo cual, a pesar de sus bajas habilidades, sobrestiman sus capacidades, y son incapaces de darse cuenta de su incompetencia para abordar sus cometidos profesionales de forma satisfactoria.

Este tipo de personas que sufren el efecto Dunning-Kruger se caracterizan, además de por su evidente incompetencia, por:

- Tener tendencia a sobrestimar sus propias capacidades.

- Su incapacidad para reconocer las capacidades y habilidades de los demás.

- Su incapacidad de reconocer su extrema insuficiencia.

Frente a estas personas recomendamos tener mucho cuidado y mucho tacto debido a que, como hemos señalado:

- Se creen mucho más de lo que son.

- Creen que se les tiene manía, que se las margina, que se les impide promocionar a puestos de mayor responsabilidad, que se les asigna trabajos de bajo nivel profesional cuando ellas están preparadas para tareas de mayor relieve e importancia.

- Tienen sus propias ideas y su propia concepción de la empresa, de la organización y del trabajo, por supuesto erróneas y faltas de toda lógica y racionalidad.

Nuestro consejo con este colectivo es el de no tratar de discutir demasiado con ellos, conversar lo menos posible, ya que no entienden ni atienden a razones; no valen los argumentos ni nada de lo que les digamos. Por muy buena intención que tengamos, no se dejan ayudar. Es bueno saber y aceptar que muchas de las personas que más problemas tienen son las que menos se dejan ayudar. Esta tipología es uno de los casos más frecuentes.

Existe un tercer colectivo entre las personas que **no pueden**, que se caracterizan por tener limitaciones de carácter social, ya que se hallan impedidas o carecen de las aptitudes precisas para establecer o mantener relaciones personales sanas y equilibradas con otras personas, especialmente con clientes y compañeros de trabajo, debido a que, con frecuencia, a causa de su alta emocionalidad actúan con agresividad o, al contrario, por su extrema timidez, carecen de la necesaria empatía y sociabilidad. Dadas sus dificultades sociales, a este tipo de personas no se las debe ubicar en puestos de trabajo que tengan un amplio contenido relacional, como puede ser un departamento comercial donde se deban realizar gestiones con clientes o en el de atención de quejas.

Por último, tenemos un cuarto colectivo de personas que podemos incluir también entre las que **no pueden** y son aquellas que sufren desfase generacional. Son personas incapaces de entender, y en consecuencia de cumplir, los nuevos procedimientos, las nuevas tecnologías y las nuevas normas de funcionamiento que han sido establecidas por la empresa en sus procesos de cambio y que afectan a personas que llevan toda una vida haciendo las cosas de una determinada manera y a las que cambiar sus hábitos y rutinas les resulta imposible aunque pongan toda la voluntad y empeño en hacerlo bien. En muchos de estos casos son personas que han aportado muchísimo a la organización durante muchos años y, de la noche a la mañana, se sienten desfasadas y cuestionadas, e inclusive, en ocasiones, se les efectúa llamadas la atención ante las que no pueden hacer nada. Pasan de ser personas bien consideradas a cuestionadas por no poder entender y llevar a cabo los cambios operativos, organizativos, informáticos o técnicos que la empresa ha puesto en marcha. En estos casos recomendamos tener una especial sensibilidad con estas personas debido a que cualquier llamada de atención puede ser tremendamente frustrante, desmotivadora y dolorosa para ellas, además de inoperante.

Es cierto y evidente que las personas que **no pueden** realizar adecuadamente su cometido profesional debido a que tienen limitaciones físicas, psíquicas, sociales o de desfase generacional son, indudablemente, personas problemáticas, ya que nos originan muchos problemas; inclusive admitimos que son difíciles de gestionar, pero no las incluimos en el grupo de las personas tóxicas, aunque es cierto que algunas de ellas pueden producir un contagio indirecto negativo, pero no es intencionado. Las tóxicas constituyen un peldaño superior en la escalera de la complejidad de los comportamientos humanos y en la gestión de las personas.

¿Qué hacer con las personas que, por las razones expuestas, **no pueden**?

Pues lo primero es determinar si el impedimento que tienen es de carácter temporal o es permanente.

Una vez despejada esta incógnita, **si la limitación es de carácter temporal**, deberemos determinar el tiempo estimado de la temporalidad y la amplitud de los medios de los que se dispone para afrontar la situación.

- Si la temporalidad es corta, en la mayor parte de los casos se deberá soportar la situación como bien se pueda, fundamentalmente a través de un mayor esfuerzo por parte del resto de los compañeros de equipo. Hoy por ti, mañana por mí.

- Si la temporalidad es larga, lo procedente es solicitar apoyo a la persona responsable directa o al área de recursos humanos para que nos cubra la plaza a la mayor brevedad posible.

Si la limitación es de carácter permanente, nos deberemos plantear las posibles opciones y soluciones que podamos tener al efecto. A nuestro modo de ver son cuatro:

1. Asumir la situación y la limitación y, por tanto, convivir con ella. Arreglarnos como buenamente podamos.

2. Determinar si le podemos cambiar de puesto y de funciones en el propio departamento.

3. Solicitar a la persona responsable o al área de recursos humanos la incorporación de una nueva persona que realice las tareas que venía desempeñando la persona en cuestión y, si ello no es posible, disponer de apoyos puntuales en momentos determinados.

4. Solicitar el traslado a otro departamento de la empresa con la intermediación de la persona responsable directa y del área de recursos humanos tratando de lograr la incorporación de una nueva persona sustitutiva.

Si se consigue ser atendidos en las opciones 3 y 4, milagro, ha habido suerte y el problema ha quedado solucionado.

Ahora bien, ¿qué podemos o qué procede hacer cuando no tenemos las opciones de cubrir con una nueva persona trabajadora o no se le puede efectuar el traslado a otro departamento ni cambio en el propio, porque no hay funciones que le podamos asignar a la persona que **no puede**? Nos desagrada ser tan crudos y rotundos, pero la respuesta a esta realidad, que con frecuencia deben asumir muchos mandos en sus organizaciones, es clara y sencilla: lo tenemos que asumir, soportar y aceptar dentro del propio departamento admitiendo y comprendiendo sus limitaciones, empatizando con su situación personal, tratando de compatibilizar con los trabajos que realizan los otros compañeros, incluso defendiéndole ante quejas de estos por la inferior productividad que deben compensar ellos y, sobre todo, desarrollar enormes dosis de paciencia. Una reflexión y una actitud que puede ayudar al mando ante esta situación es la de **tratar a la persona** que sufre limitaciones, ajenas a ella, **tal y como nos gustaría que nos tratasen a nosotros** si nos encontrásemos en esa misma situación.

Nos parece oportuno poner de manifiesto un caso que nos fue expuesto por uno de nuestros clientes con el que colaboramos habitualmente. Se trata de un trabajador al que en esta ocasión vamos a bautizar como Ramón.

Cuando nuestro cliente nos lo describió, lo calificó como una persona «hormiguita», veterano de 58 años de edad y una antigüedad en la empresa de 27 años, callado, trabajador que trataba de aportar lo más que podía, siempre dispuesto a colaborar, identificado con la empresa, pero… que, por razones de edad, no llegaba habitualmente al estándar de producción establecido por la empresa de hacer 142 piezas al día. Su producción habitual era alrededor de las 96; algunos días llegaba a las 110, pero siempre muy distante de las 142 requeridas.

Su jefe empatizaba con el colaborador, entendía su situación y lo justificaba. El problema con el que tenía que lidiar era la incomprensión de los compañeros, que se quejaban ante él de que lo que no hacía Ramón les repercutía a ellos.

Analizamos juntos la situación y llegamos a la conclusión de que la gestión que el mando estaba llevando a cabo con Ramón, el cual no podía cumplir con el estándar establecido, era la correcta y que como tal la debía admitir y, asimismo, defenderlo ante las quejas e incomprensión de sus compañeros. Qué torpes y egoístas somos en ocasiones las personas.

Otro caso, paralelo al anterior, en el sentido de **no poder**, pero con características diferentes es el que nos llegó de otro cliente y amigo, que nos parece oportuno y de interés compartirlo a continuación.

Se trataba del encargado de una empresa con el que se tenía dificultades en el desempeño de sus tareas. El caso es el siguiente.

Luis Pérez, de nuevo con nombre ficticio, era el encargado de obra en una empresa de instalaciones técnicas. En términos generales, estaba considerado como un buen profesional. Tenía una buena formación técnica y procuraba hacer bien su trabajo. Asimismo, tenía facilidad de relación con los compañeros, colaboradores, jefes y clientes.

En la formación inicial que recibió Luis al incorporarse a la empresa cuatro meses atrás, se le remarcó con claridad la importancia de realizar las facturaciones mensuales completas, para lo que era preciso ir validando con los clientes los trabajos realizados cada semana.

Hace dos meses se produjo una situación de gravedad al quedarse gran parte de los trabajos realizados bajo su responsabilidad durante el mes de julio sin facturar. El problema que se generó afectó no solo al retraso en la emisión de facturas y correspondiente cobro de los trabajos realizados, sino que, además, resultaba mucho más difícil y trabajoso validar por parte del jefe de obra del cliente dichos trabajos cuando se remontaban a dos meses atrás, lo cual generó discusiones y problemas sobre temas específicos.

Ante los hechos producidos, el gerente, Pascal Melero, llamó a Luis Pérez para mantener una conversación al efecto con el objetivo de hacerle una evaluación de los cuatro meses en la empresa, así como de repasar todas las responsabilidades que le fueron asignadas en el plan de acogida inicial en referencia a la gestión de las obras.

En el transcurso de la conversación se le señalaron los aspectos positivos de su trabajo, como eran:

- Excelente capacidad técnica.

- Buena relación con los clientes.

- Buena integración con el equipo.

- Adecuada organización de los trabajos de ejecución diaria.

Asimismo, se le señalaron los aspectos que mejorar en su desempeño, como eran:

- El proceso de facturación de los trabajos realizados se debe hacer a mes vencido y Luis no lo hacía, por lo que debía mejorar significativamente en lo referente a este aspecto.

- Se le expuso que el caso acaecido en el mes de julio había sido muy claro y muy grave. Se le recalcó que como encargado no podía desentenderse de la facturación ni de la entrega de la información del estado de las obras. Debería involucrarse hasta asegurarse de que se han facturado los alcances correctos y haber comprobado que la rentabilidad económica de la obra es la prevista.

- Se le solicitó que debería emitir las certificaciones semanales sobre el presupuesto firmado para poder emitir semanalmente un albarán con los trabajos realizados en cada obra; que sería enviado al jefe de obra correspondiente para su conformidad.

- Además, se le señaló que la directora administrativa le iba a ayudar en el proceso que debía llevar a cabo para que pudiera ejecutarlo con autonomía.

Ante la evaluación del gerente, Luis comentó que estaba intentando poner en marcha varios procesos con clientes que pudiesen facilitar la labor de aprobación de las facturas, pero que, hasta ese momento, no le habían funcionado. La gestión con el cliente para llevar a cabo este aspecto era muy compleja y requería de mucha dedicación por su parte.

Ante tal situación, acordaron respetar y llevar a cabo el proceso establecido según se describe en los párrafos anteriores, así como hacer un seguimiento puntual y analizar, pasadas unas semanas, el adecuado funcionamiento.

Después de varias semanas tras la primera conversación mantenida con Luis, se observó que la situación no había mejorado, por lo que se decidió mantener una segunda conversación de desempeño. El objetivo de la misma era repasar y reiterar los hechos mostrados en la primera conversación.

En el transcurso de la segunda conversación se señalaron algunas mejoras detectadas, tales como que:

- Se había intentado implantar el procedimiento acordado.

- Se había conseguido un mejor control de la actividad en obra.

Sin embargo, se puso de manifiesto nuevamente que no se estaban realizando las acciones acordadas y no se percibía su implicación en el proceso de facturación.

Se insistió en la importancia de realizar el proceso tal y como estaba definido y se le ofreció la asistencia de la directora financiera para realizar las certificaciones y la emisión de los albaranes.

Ante el reiterado incumplimiento de sus obligaciones, Luis comentó que le parecía que con lo que estaba haciendo era suficiente. Reconoció no estar siguiendo el proceso acordado y mostró su disposición e interés en realizarlo correctamente.

Según lo señalado por Luis, el gerente le solicitó que le pusiese en copia los emails que enviaba semanalmente a los jefes de obra del cliente para la validación de los albaranes.

Dos semanas después de esta conversación se observó que no había ningún cambio al respecto y, una vez analizada la situación, se llegó a la conclusión de que Luis:

- Era incapaz de priorizar sus trabajos.

- No distinguía la importancia de algunas de sus tareas con respecto a otras que debía realizar.

- No era consciente de los problemas que ocasionaba su incorrecto comportamiento, así como de las quejas que procedían de los clientes.

- Tampoco percibía las consecuencias que sus actuaciones producían en la gestión interna de la empresa.

Tras este análisis se llegó a la conclusión de que todo ello se debía a una incapacidad competencial. Realmente Luis no podía con la situación, le sobrepasaba. No se le podía mantener como encargado de obra.

A tales efectos, se tuvo una conversación con él y se llegó a un acuerdo de que la mejor solución al problema era que dejase el puesto de encargado y pasase a desempeñar una tarea técnica como oficial de primera en otro departamento de la empresa.

La decisión y el acuerdo adoptado por ambas partes resultó todo un éxito. La empresa nombró un nuevo encargado que viene realizando perfectamente su cometido y Luis está feliz desempeñando su labor de técnico, que es lo que le motiva y le gusta.

¿Qué podemos aprender de este caso?

- La importancia de dejar claro a la persona trabajadora, desde el primer momento, las funciones, obligaciones y normas que debe cumplir con su importancia correspondiente.

- El hacer un seguimiento adecuado del cumplimiento/incumplimiento de las obligaciones.

- El darle un apoyo para que pueda mejorar y corregir.

- La necesidad de afrontar y gestionar con la persona trabajadora, mediante entrevista personal, el incumplimiento de una tarea, así como las consecuencias y la gravedad que se puede derivar de ello.

- La conveniencia de hacer un adecuado diagnóstico de las razones por las que la persona no cumple con sus obligaciones (no sabe / no puede / no quiere).

- En el presente caso estaba claro que no era un problema de «no saber», ya que se le había explicado con claridad desde el primer momento.

- Se podía pensar que era por no querer, pero no. Luis reconocía que no estaba haciéndolo bien, se comprometía a hacerlo, pero volvía a incumplir.

- Era un problema claro de falta de aptitudes, de **no poder**. El puesto le sobrepasaba.

- El mantener una conversación respetuosa donde, además de indicarle lo que hace bien, se le señala y se le demuestra que está incumpliendo con una tarea importante.

- El darle dos avisos y mantener un diálogo constructivo para que proceda a su corrección antes de sancionarle.

6.4.3. Porque no quiere

Por fin, llegamos al momento más complejo del modo de gestionar personas, al último peldaño de la escalera; nos estamos refiriendo a cuando saben, pueden, **pero no quieren** cumplir con sus obligaciones y normas, y aquí estamos de lleno inmersos en lo que llamamos **personas difíciles con alto riesgo de ser al mismo tiempo tóxicas**, ya que si no las gestionamos adecuadamente el efecto contagio se expandirá rápidamente hacia el resto de los compañeros.

Una persona es difícil, y al mismo tiempo tóxica, cuando de **forma ordinaria y reiterada** manifiesta comportamientos inadecuados, incumple con sus obligaciones profesionales como son las funciones o tareas asignadas, los objetivos definidos y los valores o normas establecidas porque **no quiere**, así como por ser origen de frecuentes conflictos y de problemas que influyen de forma negativa en el comportamiento del resto de sus compañeros al extender su toxicidad, al igual que por **cometer faltas graves o muy graves**.

Lo que caracteriza a una **persona tóxica**, tal como señalábamos en su momento, es que, además del incumplimiento reiterado de sus obligaciones porque no quiere, con frecuencia, son personas que tienen alguno o varios de los rasgos siguientes: son conflictivas, negativas, pasivas, incompetentes, despectivas, quejosas, supercríticas, victimistas, egoístas, escaqueadoras, indisciplinadas, manipuladoras y antiempresa.

No todas las personas que presentan problemas de actitud negativa ante su trabajo, o que se resisten a cumplir con sus obligaciones profesionales porque **no quieren** realizarlas, se pueden catalogar como tóxicas. Recordamos que las tóxicas están un peldaño por encima de las personas difíciles o problemáticas y, en la mayor parte de las ocasiones, ello se debe a que son personas contaminantes de sus inadecuados comportamientos al resto de compañeros.

En esta línea, un caso que hemos conocido fue el de una persona que, aunque no llegaba al grado de tóxica, sí manifestaba una mala actitud, una mala disposición hacia su trabajo por no querer realizarlo, y que gracias a una adecuada intervención a tiempo se corrigió, logrando que actualmente esta persona problemática esté cumpliendo adecuadamente con sus obligaciones profesionales. Juzgamos que es un caso de interés y por ello queremos compartirlo con nuestros amigos lectores y, a partir de él, obtener conclusiones que consideramos pueden resultar valiosas y prácticas.

Lo exponemos a continuación.

Se trata de una persona de nombre ficticio Raúl, que se incorporó a Instalaciones Melero, S. L. hace cuatro meses como técnico de instalaciones frigoríficas (con categoría de oficial de tercera). Raúl era una persona preparada con una titulación de formación profesional adecuada para el puesto que iba a desempeñar y con experiencia suficiente para realizar trabajos técnicos de instalaciones frigoríficas.

Al mes de su incorporación, el *feedback* facilitado por el instalador oficial de primera que acompañó a Raúl tras su incorporación a la empresa no fue bueno, y en tal sentido indicó que el mencionado operario no mostraba el más mínimo interés por aprender como era preciso los trabajos de instalación que estaban realizando. Frecuentemente, el oficial de primera responsable de su integración tenía que estar dándole instrucciones para que ejecutase adecuadamente sus tareas, así como para que aportase algo de valor al trabajo que venía realizando, dado que en todo momento mostraba una actitud muy pasiva. Para finalizar su informe, señaló que Raúl venía más «a pasar el rato» que a trabajar.

A la vista de la información recibida, se le cambió de oficial de primera instructor, así como de la tipología de los trabajos durante las dos siguientes semanas. Pasado el periodo mencionado, los comentarios del nuevo oficial que acompañó a Raúl fueron similares a las del primero.

Ante tal situación, tuvo que intervenir de forma directa Teresa, la jefa de área y jefa superior de Raúl, quien decidió mantener una entrevista personal a fin de reconducir la situación. El objetivo principal de la entrevista fue hacerle una evaluación de su desempeño durante los tres meses que llevaba en la empresa, así como poner de manifiesto algunas anomalías que se venían detectando.

Durante la entrevista, Teresa, la jefa de área le presentó en primer lugar los aspectos positivos que se podían observar, tales como:

- Puntualidad acudiendo al trabajo. Siempre estaba listo y preparado diez minutos antes del horario fijado para el inicio de los trabajos.

- Excelente presencia física. Su ropa y su aspecto físico eran siempre impecables.

- Al mismo tiempo también se le expusieron los aspectos en que, a juicio de la empresa, debía mejorar. Eran los siguientes:

- Se le observaba una falta de interés por aprender y mejorar en su trabajo. Se le dijo que resultaba difícil entender que, una persona joven que estaba iniciando su carrera como profesional frigorista y que tenía la oportunidad de aprender de un compañero experto estuviera desaprovechando esta.

- Se le expuso que esa actitud no le conducía a nada bueno y que no era lo que se esperaba de una persona con su potencial.

- En consecuencia, se le instó a que cambiase de actitud de forma inmediata y concreta, ya que ese tipo de actitudes en el desempeño no eran admisibles en la cultura de trabajo que se desarrolla en Instalaciones Melero, S. L.

Ante los comentarios de Teresa, su jefa, Raúl comentó que entendía lo que se le había comunicado y que ello se debía a que estaba pasando por un momento personal muy difícil y quizás ello le pudiese estar influyendo en su día a día laboral. Igualmente, añadió que en su ámbito familiar también tenía problemas y así se lo estaba haciendo ver su pareja al señalarle que en los últimos meses estaba alterado, se enfadaba con frecuencia por cualquier cosa, así como que manifestaba cambios notables de carácter y comportamiento.

Tras escucharle, Teresa le animó a que se concentrase en su trabajo durante las horas laborales, que tratase de realizar lo mejor posible su desempeño, que aportase ideas y valor a su trabajo; en definitiva, que tratase de contribuir a sentirse satisfecho con el trabajo bien hecho, con la seguridad que todo ello le ayudaría en su situación personal. De lo contrario, si su actitud no mostraba un cambio de comportamiento, iba a tener un nuevo problema laboral que añadir al personal que ya tenía.

Raúl se despidió agradeciendo la conversación mantenida y pidiendo disculpas por no haber sabido hacerlo mejor.

Pasados dos meses de la conversación mantenida, nos agrada señalar que Raúl cambió de forma notoria su actitud y hoy en día se toma mucho más en serio su trabajo. Los comentarios e informes de los oficiales de primera con los que trabajó en su incorporación comenzaron a ser muy diferentes a los anteriores. Resultó evidente que Raúl había reaccionado muy bien a la conversación mantenida con su jefa y se confirmó que su desempeño había cambiado significativamente tanto en el trabajo como en la actitud con la que lo realizaba.

¿Qué podemos aprender de este caso?

- La conveniencia de hacer un diagnóstico de la persona (no sabe / no puede / no quiere) cuando tenemos un problema de incumplimiento.

- Era evidente que en el caso que nos ocupa la jefa de área se encontraba ante un problema de no querer. Se le había explicado con claridad lo que debía hacer, tenía el apoyo de sus instructores y podía hacerlo perfectamente; lo que ocurría era que no estaba motivado para hacerlo, que tenía un problema de actitud.

- Fue un acierto el cambiarle de oficial instructor y de funciones para tener una mayor información al respecto. Ante la coincidencia de los informes no hubo otro remedio que hacer frente al problema.

- La conveniencia de abordar desde el primer momento las desviaciones de comportamientos e incorrecta actitud mostrada en este caso por un colaborador lleva a que la situación no se deteriore y se corrija a tiempo evitando una mayor degradación.

- La necesidad de afrontar y gestionar con la persona trabajadora, mediante una entrevista personal, el incumplimiento de una tarea, así como la gravedad y las consecuencias que de él se pueden derivar es vital en el proceso de corrección.

- Fue un acierto el mantener una conversación respetuosa, donde además de indicarle lo que hace bien, se le señaló y se le demostró que estaba incumpliendo con sus obligaciones.

- Es importante que la persona, en este caso Raúl, asuma su incumplimiento, acepte que tiene problemas. Si no lo asume, la resolución del caso es más difícil y probablemente requerirá la aplicación de medidas más drásticas.

- En los casos de mala actitud, de no cumplir con una tarea porque no se quiere, aunque sean casos difíciles, si se abordan a tiempo y en la forma correcta, pueden ser recuperables.

- Es importante hacerlo con mucho respeto y tacto, especialmente en el momento de hacer una velada amenaza. El que un incumplidor le vea las orejas al lobo en muchas ocasiones funciona y surte efecto.

- Es importante hacer un seguimiento adecuado del cumplimiento/incumplimiento de las obligaciones.

Queremos poner de manifiesto la convicción, una vez más, de que el diálogo constructivo, el mantenimiento de una conversación respetuosa y el aviso preventivo es siempre más fructífero que la aplicación de sanciones.

Ante el perfil de personas que incumplen con sus obligaciones porque **no quieren**, que manifiestan una mala actitud, sean tóxicas o no, y que con frecuencia cometen faltas calificadas como graves o muy graves, procede gestionarlas adecuadamente y seguir, según la gravedad de las faltas, los procesos que presentamos a continuación:

- Para faltas muy graves aunque sean únicas.

- Para faltas graves e incumplimientos reiterados.

6.5. Proceso de gestión de personas que quebrantan normas catalogadas de muy graves aunque sea una vez

Son faltas muy graves aquellas que el régimen disciplinario de la organización tiene así calificadas.

FIGURA 6.4
PROCESOS DE GESTIÓN

 Proceso de gestión de personas que incumplen sus obligaciones de **forma puntual** o quebrantan **normas catalogadas de leves**.

 Proceso de gestión de **personas difíciles y tóxicas en general**.

 Proceso de gestión de personas que quebrantan normas catalogadas de muy graves aunque sea una vez.

 Proceso de gestión de personas que incumplen sus obligaciones de **forma reiterada** o quebrantan **normas catalogadas de graves**.

 Proceso de gestión de **personas cumplidoras** con su trabajo, **pero que originan variados problemas**.

Fuente: Elaboración propia.

Por lo general, se consideran faltas muy graves:

- Las faltas repetidas e injustificadas de asistencia o puntualidad al trabajo.
- La indisciplina o desobediencia en el trabajo.
- Las ofensas verbales o físicas a la propiedad, a la dirección, a los mandos o a las personas que trabajan en la empresa.
- La embriaguez y el estado derivado del consumo de drogas durante el trabajo.
- El causar accidentes graves por imprudencia o negligencia.
- La agresión a compañeros, superiores, subordinados, usuarios o terceros relacionados con el trabajo.

- El acoso laboral en el trabajo.

- El hurto o robo, tanto a la empresa como a los compañeros de trabajo o a cualquiera otra persona, dentro de las dependencias de la empresa.

- El violar el secreto de correspondencia o documentos reservados de la empresa.

- El fraude, la deslealtad o el abuso de confianza en el desempeño del trabajo.

El propio estatuto de los trabajadores regula en sus artículos 54 y 58 una serie de aspectos y faltas en el trabajo calificadas como muy graves. Así, el artículo 54 establece una serie de situaciones en las que el contrato de trabajo podrá extinguirse por decisión de la empresa mediante despido basado en un incumplimiento grave y culpable del trabajador. Y el artículo 58, referente a las faltas y sanciones de las personas trabajadoras, establece que las organizaciones podrán sancionar a los empleados en caso de incumplimiento laboral «de acuerdo con la graduación de faltas y sanciones que se establezcan en las disposiciones legales o en el convenio colectivo que sea aplicable».

6.5.1. Proceso aplicable en los casos de faltas muy graves

Cuando una persona trabajadora haya cometido una falta considerada como **muy grave**, somos de la opinión de que el proceso debe ser el siguiente:

- Recoger las evidencias que ponen de manifiesto la falta muy grave cometida.

- Notificar a su responsable directo de la falta cometida por el trabajador, la cual tiene consideración para la empresa de carácter muy grave.

- Notificar al área de recursos humanos en el mismo sentido anterior para que determine y asesore en el proceso que se va a seguir.

- Notificar por parte del mando directo y demostrar a la persona trabajadora el incumplimiento de una norma considerada como muy grave.

- Escuchar las razones o los argumentos que en su defensa pueda esgrimir la persona afectada.

- Proceder a la apertura de un expediente de investigación que permita comprobar y certificar el quebrantamiento de la norma.

- Proceder en los casos en que existan claras evidencias de la falta o faltas cometidas a la apertura e incoación de un expediente disciplinario con el pliego de cargos correspondiente.

- Notificar por escrito a la persona trabajadora la decisión adoptada, haciendo constar la fecha y los hechos que motivan la sanción.

- Notificar, en su caso, a los representantes sindicales.

- Seguir los plazos establecidos en el desarrollo del proceso.

- Valorar la situación y determinar, si procede, la sanción a aplicar en su caso.

- Aplicar en los casos que así se estime oportuno a la sanción correspondiente.

- Comunicar la resolución adoptada por la empresa a la persona trabajadora afectada y a los representantes sindicales.

En función del tipo de falta laboral, existen diferentes clases de sanciones que la empresa puede imponer, dependiendo de la gravedad de la falta cometida.

6.5.2. Posibles sanciones que considerar y aplicar

Entre las sanciones más habituales encontramos:

- La amonestación verbal o escrita. Suele aplicarse en los casos en que el infractor haya cometido faltas leves.

- La suspensión de empleo y sueldo durante un periodo de tiempo determinado. Esta sanción se suele imponer cuando el infractor comete una falta laboral grave o muy grave.

- El traslado a otro puesto o lugar de trabajo, si se trata de faltas graves o muy graves.

- La inhabilitación para obtener un ascenso, en los casos de faltas graves o muy graves.

- El despido disciplinario del trabajador, en los casos que se haya cometido una falta muy grave.

Somos conscientes de que el proceso sancionador por quebrantamiento de normas consideradas como muy graves es penoso, largo y generalmente problemático, pero ello no debe impedir seguir con el mismo hasta el final, ya que en el caso contrario tenemos el riesgo de que la falta vuelva a cometerse, y que, al igual que un virus, se extienda y sea cometida por otras personas.

En nuestra experiencia profesional, en el momento que ocupaba el cargo de director de Recursos Humanos en la entidad financiera en la que he prestado mis servicios durante muchos años, recuerdo varios casos de trabajadores a los que tuvimos que despedir por robos de dinero. En varios de ellos, las cantidades sustraídas eran pequeñas, pero una entidad financiera no puede pararse a la hora de un robo de dinero si la cantidad sustraída es grande o pequeña. El mero hecho de robar una sola vez, cualquier cantidad de dinero, es motivo de despido inmediato.

Lo mismo podemos decir de mandos o de personas trabajadoras que hayan acosado, en cualquiera de sus modalidades, a sus compañeras o compañeros, hayan pretendido llevar a cabo una violación o hayan ejercido violencia física con un superior directo o con alguno de sus compañeros. Basta una sola vez para proceder a su despido.

El mismo nivel de gravedad que los casos anteriores tienen las situaciones en las que el incumplimiento está relacionado con aspectos de seguridad en el trabajo. En estos casos es necesario aplicar la sanción correspondiente, proporcional a la infracción, ya

que un incumplimiento de seguridad no solo pone en peligro a la propia persona trabajadora, sino también al resto de los compañeros de trabajo, de lo que se pueden derivar
responsabilidades y consecuencias penales. Así, recordamos el caso de un trabajador de
una cooperativa que fue pillado *in fraganti* fumando al lado de un depósito de gasoil. Se
le castigó con una sanción de seis meses de empleo y sueldo. Sinceramente, pensamos
que la sanción fue benigna.

Igualmente nos vienen a la memoria otros dos casos que los hemos vivido muy de
cerca en los que se cometieron faltas muy graves. En uno de ellos, el trabajador fue
descubierto robando material de la empresa, y lo sorprendente no solo fue el robo que
periódicamente efectuaba, tal como se demostró tras la investigación efectuada al efecto, sino que además luego lo vendía utilizando la propia camioneta de la empresa. Ante
estos hechos demostrados, se tuvo la amarga experiencia de que los compañeros del comité de empresa y sindicato lo defendieron cuando fue despedido de forma inmediata.

El otro caso fue el de un trabajador al que estando de baja por enfermedad se le pilló
compitiendo en una carrera ciclista. Hay que ser torpe. Por supuesto, fue despedido.

6.6. Proceso de gestión de personas que incumplen sus obligaciones de forma reiterada o quebrantan normas catalogadas de graves

FIGURA 6.5
PROCESOS DE GESTIÓN

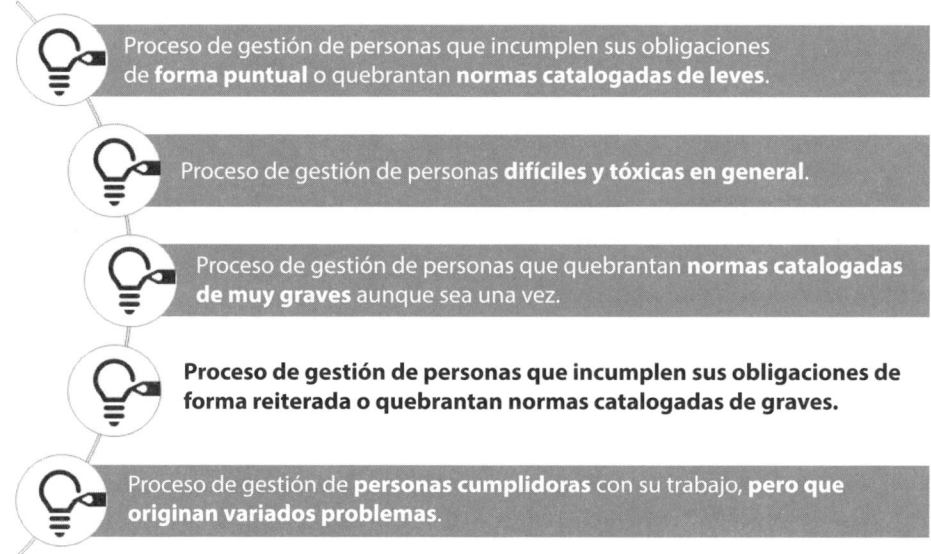

Fuente: Elaboración propia.

En los casos en que debamos gestionar personas que incumplen de forma reiterada sus obligaciones profesionales o bien quebrantan normas calificadas como graves, debemos considerar, con carácter previo a su gestión, los siguientes aspectos.

A. Aspectos previos que considerar:

- *Entender y asumir* que la gestión de la persona incumplidora corresponde, en primer lugar, al mando directo.

- Considerar las dos opciones existentes:

  1. No hacer nada; adoptar una actitud pasiva, con las consecuencias negativas de que los buenos trabajadores se puedan contagiar.
  2. Gestionar la situación de la forma apropiada. Adoptar una actitud activa.

  La decisión que se debe tomar, entre las dos alternativas existentes, es clara: se debe optar siempre por la segunda, o sea, intervenir en la forma apropiada.

- *Determinar los objetivos que hay que lograr.* Antes de abordar la gestión con la persona difícil, se debe determinar el objetivo u objetivos que se pretende alcanzar con nuestra intervención. Pueden ser los siguientes:

  1. Informar al infractor del incumplimiento producido o de la falta cometida.
  2. Lograr que asuma el incumplimiento o la falta.
  3. Lograr su compromiso de que va a poner remedio a la situación generada.
  4. Corregir el comportamiento. Evitar que se vuelva a repetir.

  Es cierto que, para conseguir el cuarto objetivo que, por supuesto es el fundamental, deberemos iniciar y seguir uno por uno los tres primeros, si bien existen ocasiones en que nos podemos limitar al objetivo primero si el infractor no acepta o no asume su incumplimiento.

- *No olvidar que estamos ante una persona que sabe y puede, pero no quiere.* Partimos de la base de que se la han explicado con claridad las funciones, así como las tareas, las órdenes, los objetivos, las normas y los valores, y se ha comprobado que lo ha entendido, que sabe hacer y que tiene las aptitudes precisas para llevarlos a cabo. Por tanto, estamos ante una persona incumplidora porque no quiere hacerlo.

- Conocer el régimen disciplinario interno de la empresa.

- *Determinar la gravedad* del incumplimiento distinguiendo si la falta cometida es: leve, grave o muy grave.

- Ver si el incumplimiento de las obligaciones es o no reiterado.

- *Profundizar en ¿por qué no quiere?* Ver las posibles causas. Algunas de ellas pueden ser las siguientes:

  - No le gusta, no le estimula el trabajo, se siente desmotivada para realizar su cometido profesional.

- Adopta una actitud victimista, manifestando que sufre explotación, y echa la culpa de sus problemas a otros, especialmente a su responsable.
- Sabe que, aunque incumpla las obligaciones, no va a pasar nada. Nunca hay consecuencias negativas para las personas incumplidoras.
- Tiene un sentimiento de alta carga y presión de trabajo, lo cual le produce un quebrantamiento de su salud mental y le lleva a sufrir estrés. Muchas de estas personas amenazan con que, si no se les reduce la carga o presión de trabajo, van a coger una baja. Lo grave es que, esté fundamentada o no su amenaza, finalmente la cogen.

- *Considerar la personalidad del sujeto.* No todas las personas incumplidoras son iguales ni reaccionan de la misma forma. Hay personas que son más o menos emocionales, agresivas, sensibles, introvertidas o extrovertidas y, en función de sus características personales, reaccionan de forma diferente. Recomendamos en este tipo de situaciones ver la historia que hay o puede haber detrás de la persona para intuir cuál puede ser su reacción cuando se le señalen las evidencias de su incumplimiento, así como para comprender mejor sus comportamientos.

- *Considerar el ámbito de actuación* y las posibilidades y limitaciones de cada uno de ellos. No es lo mismo corregir a una persona incumplidora en la empresa pública, en una cooperativa o en una empresa privada, ya que cada una de ellas tiene sus características particulares relativas a cultura, reglamentos, protocolos internos y fuerza de los sindicatos. Por supuesto, hay excepciones, pero amonestar, y no digamos sancionar, es más difícil de hacer en la empresa pública y en las cooperativas que en la empresa privada.

- *Recoger información.* No podemos actuar en función de impresiones, de referencias o porque alguien nos lo ha dicho. Debemos obtener datos y tener evidencias y pruebas demostrables.

- *Preparar la entrevista o conversación que vamos a mantener.* Cuando contemos con una información fiable y decidamos actuar en consecuencia, deberemos **preparar la entrevista o conversación** que vayamos a mantener con la persona incumplidora. A tales efectos, sugerimos:

  - Preparar las pruebas que permitan demostrar los incumplimientos.
  - Considerar las posibles excusas que la persona nos pueda presentar.

B. Proceso aplicable en los casos de faltas reiteradas y graves.

- Una vez que dispongamos de la información necesaria, analizadas las posibles causas y contemplada la personalidad del sujeto en cuestión, deberemos llevar a cabo la entrevista que a tales efectos hemos preparado. El **proceso aconsejable** para seguir en la entrevista que vamos a mantener debe ser de acuerdo al guion que proponemos a continuación:

1) Hablar con la persona infractora en tono positivo.

- Hacerlo en privado.
- Presentarle y demostrarle los hechos de su incumplimiento. Hacerlo con respeto.
- Hacerle ver la gravedad e importancia de sus actos, así como las consecuencias de su comportamiento.
- Mostrar una actitud positiva y constructiva.
- Cuidar las formas. Mantener la calma y no dejarse influir por gestos inadecuados o actitudes del infractor. No elevar el tono de voz.
- Una vez que le hemos expuesto la situación y mostrado la evidencia de su incumplimiento, lo procedente es escucharle atentamente. No interrumpirle, diga lo que diga, sea cierto o incierto.
- Ver si los argumentos manifestados, en defensa de su comportamiento, son o no razonables.
- Considerar las excusas.
- Comprobar que asume su incumplimiento. Si no lo hace, no merece la pena seguir la conversación. La persona queda informada (objetivo primero).
- No entrar en discusiones. Basarse en hechos.
- No caer en la provocación ni en los gritos y en las malas formas de la persona incumplidora. Serenidad y control emocional.
- Adoptar una actitud positiva hacia la persona.
- Confiar en que puede mejorar. Predisposición a que puede cambiar.
- Ofrecerle ayuda y colaboración en el caso de que haya voluntad de corregir su incumplimiento.
- Tratar de terminar la conversación de forma cordial y positiva.
- Tras la conversación, abrir una ficha con los datos de la conversación mantenida (Fecha – Lo que se le ha dicho – Lo que nos ha dicho).
- Efectuar un control que nos permita asegurar que ha corregido su comportamiento.
- Si observamos que el incumplimiento de la tarea o el quebranto de la norma se ha corregido y no se repite, habremos concluido el proceso de forma satisfactoria.
- Es aconsejable hacerle ver a la persona nuestra satisfacción por ver que ha corregido su inadecuado comportamiento.
- Y, si no funciona, y tras un periodo de observación repite el incumplimiento, si la persona vuelve a cometer de nuevo la falta o faltas motivo del proceso…

2) Deberemos volver a hablar por segunda vez con la persona incumplidora en un tono firme y directo.

- Presentarle y demostrarle de nuevo los hechos de su incumplimiento. Hacerlo con un tono firme y directo, pero con respeto.
- Al igual que en la primera entrevista:

- Hacerle ver la gravedad e importancia de sus actos.
- Estar preparados para sus excusas.
- Considerar posibles reacciones agresivas.
- Escucharle atentamente, sin interrumpirle, diga lo que diga.
- No entrar en discusiones. Basarse en hechos objetivos.
- Comprobar que asume su incumplimiento. Al igual que en la primera entrevista, no procede seguir con esta si no lo asume.
- No caer en la provocación de gritos y malas formas utilizadas por la persona incumplidora. Serenidad y control emocional.
- Anotar en la ficha los datos de la segunda conversación (Fecha – Lo que se le ha dicho – Lo que nos ha dicho).
- Efectuar un control respecto a si ha corregido o no su comportamiento.
- Y, si no funciona, si repite el incumplimiento…

3) Hablar con el mando superior y con recursos humanos. Si la segunda conversación tampoco surte los efectos deseados, lo procedente es que el mando traslade y exponga el problema y la situación a su jefe superior con la demostración de los hechos y la presentación de las fichas de las dos conversaciones mantenidas con la persona incumplidora. El problema, ahora, ya no es solo del mando directo, sino de toda la organización. Junto al jefe superior se analizará la situación, se determinarán las posibles opciones respecto a la forma en que procede abordar y solucionar el problema, se considerará la conveniencia de compartir el problema con el área de recursos humanos, quien deberá asesorar a ambas personas sobre el proceso que conviene seguir respecto a las posibles sanciones existentes, así como sobre los aspectos legales que hay que contemplar.

Con esta información, el jefe superior y el mando directo analizarán de nuevo la situación, reflexionarán sobre la mejor estrategia y adoptarán la decisión pertinente al caso, así como la conveniencia o no de formular una amenaza o de aplicar una sanción al trabajador incumplidor.

4) Hablar con la persona incumplidora. Hacerle una advertencia. Tras el análisis efectuado y la decisión adoptada de la vía que se ha considerado como la más idónea para afrontar la situación por parte de los responsables directos, contando con el asesoramiento de recursos humanos, lo procedente es mantener una **tercera conversación** con la persona afectada, en la que se cuente con la oportuna presencia e intervención del jefe superior, quien dirigirá la conversación y le manifestará a la persona trabajadora incumplidora la improcedencia de su actitud, el quebrantamiento de las obligaciones o normas que viene efectuando, la situación límite a la que se ha llegado y, en consecuencia, se le señalará que, si persiste en su actitud se le efectuará una amonestación oficial así como la advertencia de una posible sanción que se aplicaría en el caso de continuar en su incumplimiento.

Aun en el caso de que no se considere oportuno efectuar una advertencia de sanción, recomendamos realizar esta tercera conversación en la que se cuente con la presencia y el apoyo del jefe superior.

Un consejo que estimamos oportuno dar a nuestro amigo lector o lectora es que no se debe hacer jamás una advertencia de sanción a un trabajador incumplidor si no se cuenta con el apoyo de la dirección de la empresa y del área de recursos humanos.

Es muy posible que, tras esta tercera conversación, o inclusive antes, se produzca o se haya producido la intervención de los representantes sindicales defendiendo a la persona incumplidora. Si tal circunstancia ocurriese, debemos saber y tener claro que no es a los mandos directos a quienes corresponde gestionar el problema con los representantes sindicales, sino al área de recursos humanos. De ahí la importancia de actuar de forma coordinada mandos y área de recursos humanos en el caso de tener que aplicar sanciones.

En muchas ocasiones, esta tercera conversación surte su efecto debido a que cuando la persona incumplidora le ve las orejas al lobo y se percata de lo que se le puede venir encima, aunque sea por miedo, entra dentro de lo posible que cambie de comportamiento.

Ahora bien, si a pesar de ello persiste en su actitud…

5) Se deberá volver a hablar con la persona incumplidora y, en su caso, se aplicará la sanción establecida. Si seguimos observando que ni con la amenaza de sanción se ha producido una corrección del comportamiento indebido, no le queda otro remedio al mando y a la empresa que notificarle y aplicar la sanción.

Hay empresas, especialmente las entidades públicas y las sociedades cooperativas, donde la amenaza de sanción y su aplicación es impensable, salvo casos muy muy graves.

Hay que ser conscientes de que, en la mayor parte de los casos, la aplicación de sanciones no va a servir para nada en la pretensión del cambio de comportamiento del sujeto. Nos parece oportuno recordar que nadie cambia si la propia persona que tiene el problema no quiere cambiar, pero en muchos casos procede llevar a cabo la aplicación de advertencias y sanciones no tanto con el fin de corregir al trabajador incumplidor como para que el resto de los compañeros del equipo vean que los incumplimientos no son gratuitos, que tienen consecuencias negativas. Si después de tres conversaciones correctoras, con anuncio de advertencia incluida, no se ha conseguido un cambio de comportamiento, no tengamos esperanzas de que lo vamos a conseguir con la aplicación de una sanción. Como hemos señalado, lo máximo que podemos esperar de la aplicación de un castigo es evitar el efecto contagio. Lamentamos tener que volver a repetir las consecuencias negativas de no gestionar adecuadamente una manzana podrida.

6.7. Proceso de gestión de personas cumplidoras con su trabajo, pero que originan problemas y conflictos variados

Un colectivo que merece una especial atención es el de las personas que cumplen de forma satisfactoria con sus obligaciones profesionales, que realizan adecuadamente sus funciones, logran objetivos y obtienen resultados por encima de la media, al igual que cumplen las normas establecidas. Técnicamente son muy buenas en un determinado campo de actuación profesional, pero... ocasionalmente originan conflictos, problemas de relación con los compañeros, inclusive con los clientes, debido a que adoptan posiciones y actitudes soberbias, de enfrentamiento o se quejan públicamente de las decisiones adoptadas por la dirección de empresa.

FIGURA 6.6
PROCESOS DE GESTIÓN

Proceso de gestión de personas que incumplen sus obligaciones de **forma puntual** o quebrantan **normas catalogadas de leves**.

Proceso de gestión de personas **difíciles y tóxicas en general**.

Proceso de gestión de personas que quebrantan **normas catalogadas de muy graves** aunque sea una vez.

Proceso de gestión de personas que incumplen sus obligaciones de **forma reiterada** o quebrantan **normas catalogadas de graves**.

Proceso de gestión de personas cumplidoras con su trabajo, pero que originan variados problemas.

Fuente: Elaboración propia.

Estas personas son problemáticas, incluso en algunos casos difíciles, pero, en términos generales y salvo en casos muy específicos, no las consideramos como tóxicas.

Si tenemos a este tipo de colaboradores bajo nuestro mando dentro de nuestro equipo, ¿qué procede hacer al respecto?

Pues sencillamente actuar con mucho cuidado y tacto, porque las consecuencias de una mala gestión con ellas pueden originar graves problemas de desmotivación o fuga de la empresa, que nos lleva a perder trabajadores difíciles de sustituir, que aportan valor, resuelven situaciones técnicas complejas y son con los que en muchas situaciones debemos contar, nos guste o no, ya que no tenemos la alternativa de poder disponer de otras personas que solucionen el problema existente.

Ahora bien, aun siendo personas valiosas y necesarias para la organización, tampoco podemos dejarles que actúen libremente, que abusen de su situación de poder técnico y hagan lo que les venga en gana. Lo procedente es seguir el proceso señalado para las personas que incumplen sus obligaciones de forma reiterada, pero sin llegar nunca al anuncio de una advertencia o amenaza y menos a la aplicación de una sanción, salvo situaciones consideradas como graves. Son personas a las que probablemente tampoco vamos a poder cambiar nunca, pues por lo general no asumen la problemática que originan y, si en algún caso la admiten, no les importa el hacerlo. A pesar de ello, hay que gestionar a este tipo de personas tratando de que no abusen de su posición de dominio técnico ni de su situación privilegiada.

Aunque sea cansino, deberemos darles repetidos toques y llamarles la atención simplemente para que no vayan a más. Con frecuencia, no nos queda otro remedio que soportarlos, hacerles ver que los tenemos en alta consideración como buenos profesionales, pero… que nos ocasionan problemas y que su comportamiento origina un mal ejemplo para el resto de los compañeros.

Para entender mejor esta situación y a este tipo de personas, vamos a exponer el caso de Cristiano Ronaldo que, como todos sabemos es un excelente jugador de fútbol, ejemplar como profesional, trabajador incansable, muy eficiente para los resultados del equipo pero, al mismo tiempo, con un carácter difícil, una personalidad que se caracteriza por su alta soberbia, que origina problemas con sus compañeros por su pretensión de ser la estrella del equipo y, como tal, la de meter todos los goles posibles, circunstancia por la cual se enfada con sus compañeros cuando son ellos los que meten un gol que él podía haber hecho. Es conocido de este singular personaje que en más de una ocasión ha realizado ruedas de prensa y manifestaciones públicas en perjuicio del club y de algunos de sus compañeros.

Pues bien, ¿qué podemos y debemos hacer al respecto con Ronaldo si lo tuviésemos en nuestro equipo? En estas circunstancias, cuando una persona manifiesta uno de esos comportamientos egocéntricos o individualistas, ¿se le debe sancionar con no ponerle en el equipo titular? Claramente no, y la respuesta a la primera de las preguntas formuladas es sencilla: debemos hablar con él, en privado, con mucho tacto y paciencia.

Es cierto que no debemos pasar por alto sus malas formas; tampoco debemos hacer la vista gorda a sus inadecuados comportamientos y por eso hay que decirle que es un gran jugador, que contamos con él, pero… que su carácter origina problemas al club y al equipo, por lo que le solicitamos, con toda la contundencia posible, que modere su actitud y que respete a sus compañeros. Eso sí, cuando llega el domingo y haya que hacer la alineación del equipo, no nos queda otro remedio que ponerle en ella como titular indiscutible, dado que es muy posible que meta dos goles al equipo contrario y con su contribución se gane el partido. La sanción no solo sería absurda, dado que perjudicaría gravemente al club, al equipo y hasta es posible que al propio entrenador, al que le pedirán la cabeza si llega el domingo y no lo alinea en el equipo. No obstante, tengamos claro que, hagamos lo que hagamos y digamos lo que digamos, podemos tener la absoluta seguridad de que Cristiano Ronaldo no va a cambiar.

6.8. Prevenir antes que lamentar

No se debe dejar que la situación de una persona trabajadora que esté incumpliendo con sus obligaciones profesionales se vaya deteriorando en el tiempo. Como dice el viejo y sabio refrán, «más vale prevenir que lamentar». Siempre es preferible tomar las precauciones necesarias, antes de que ocurra el daño que no deseamos, de forma que nos permita evitar una situación desagradable e indeseable para todos. Y ya que vamos de refranes podemos añadir otro que dice: «Más vale romper un plato a tiempo que la vajilla a destiempo» o también: «Más vale una advertencia a tiempo que un despido a destiempo».

Por tanto, cuando se observa un incumplimiento, con tacto y con la mejor actitud se debe actuar con carácter preventivo. Las pequeñas desviaciones son más fáciles de corregir cuando se detectan a tiempo. No se debe dejar nunca que los quebrantamientos de las obligaciones y el incumplimiento de las normas lleguen muy lejos antes de actuar. Dirigir corrigiendo las pequeñas desviaciones siempre resulta mejor y es más eficiente que hacerlo cuando la situación se ha deteriorado de forma ostensible.

6.9. Diálogo y apoyo personal antes que sanción

Hasta aquí hemos puesto de manifiesto los diversos procesos existentes para las personas difíciles y tóxicas, procesos que hemos terminado con la conveniencia de aplicar en determinados casos y, como medida extrema, la imposición de sanciones, no tanto para corregir comportamientos indebidos, que también, sino, sobre todo, para que el mal ejemplo no se extienda a otras personas.

A partir de este punto, de la necesidad que los mandos tienen, en ocasiones, de efectuar advertencias y aplicar sanciones a una persona incumplidora, nos planteamos una serie de cuestiones y preguntas sobre las que nos parece oportuno hacer reflexionar a nuestro amigo lector o lectora. Son las siguientes:

6.9.1. Caso en el que nos hayamos equivocado y en lugar de no querer es de no poder

Hemos expuesto el proceso de gestión que hay que llevar a cabo con las personas difíciles y con las tóxicas que **no quieren** cumplir con sus obligaciones. Pues bien, es a partir de aquí cuando nos formulamos la primera interrogación para la reflexión: ¿qué sucede si nos hemos equivocado en nuestra primera apreciación y realmente no es que la persona trabajadora no quiera cumplir con su obligación, sino que realmente es que **no puede** hacerlo?

Conocemos a muchas personas que con el transcurso del tiempo se han ido deteriorando y, como consecuencia de su desmotivación laboral, se han desequilibrado, han perdido toda ilusión y esperanza que su situación pueda mejorar, se han vuelto rencorosas, frustradas y se han convertido en personas problemáticas. Si reflexionamos sobre ello, sobre sus posibles causas, ¿qué es más probable: que no quieren o que ya no pueden cambiar? El tiempo corroe y estropea las bases de una personalidad en un proceso de deterioro que llega a transformar su propia realidad, lo cual les impide producir cualquier cambio en sus comportamientos laborales. Por tanto, en estos casos, nosotros nos inclinamos por la segunda de las opciones, o sea, que **ya no van a poder cambiar**.

Si estamos en lo cierto, es decir, que ya no van a poder cambiar, entonces el proceso que hemos explicado para las personas que no quieren no va a servir para nada; estamos aplicando una sanción a alguien que no puede cambiar. Son muchas las personas que son sancionadas con la cárcel por delinquir y, tras el cumplir el periodo de condena establecida, vuelven a las mismas, o sea, vuelven a robar y a violar. Las cárceles, salvo en muy pocas excepciones, no sirven para corregir a los delincuentes; sirven para que las personas que cumplen correctamente con sus obligaciones sociales no cometan actos considerados como punibles, porque, en tal caso, si lo hiciesen, serán sancionadas.

6.9.2. ¿Hasta dónde estamos dispuestos a enfrentarnos?

Es fundamental y obligatorio que todo mando asuma y gestione a las personas problemáticas y difíciles que tiene bajo su ámbito de dirección; es parte de su trabajo, y, por tanto, de sus obligaciones profesionales, lo mismo que lo es proceder a corregir a una persona colaboradora por el incumplimiento de sus obligaciones profesionales o por saltarse y no respetar el cumplimiento de las normas de carácter leve, grave o muy grave. Ahora bien, este proceso de gestión origina con frecuencia un enfrentamiento y un desgaste, muchas veces profundo, que deteriora las relaciones personales.

Esta situación lleva a que, con frecuencia, la persona trabajadora calificada como difícil, y en mayor medida la tóxica, amenace a su mando señalándole que le está presionando más de lo que procede, que le está quebrantando su salud mental, que por su culpa sufre estrés o ansiedad y eso le impide poder dormir por las noches, que así no puede continuar, por lo que le solicita una reducción de sus tareas y de sus obligaciones, una menor presión en el trabajo, o bien el traslado a otro puesto o departamento en el que presumiblemente va a vivir más cómoda y relajada. Está relación de hechos termina con la amenaza que, de seguir así, va a coger la baja laboral. Lamentablemente, en la mayor parte de los casos la termina cogiendo.

Es muy probable que la tensión y el enfrentamiento que mantiene con su responsable directo la trasladará a sus compañeros hasta llegar a los representantes sindicales, quienes acudirán a defender a su compañero incumplidor. Es cierto que, hoy en día, aunque por supuesto hay de todo, los representantes sindicales están cada vez más profesionalizados; no obstante, cuando ocurren estas lamentables situaciones, se sienten obligados a defender a su afiliado aunque no tenga razón. Ya hemos señalado, pero nos parece oportuno insistir en que no le corresponde al mando gestionar las situaciones de los trabajadores incumplidores con los representantes sindicales, ya que ello es tarea del área de recursos humanos, si bien resulta inevitable que acudan al mando y pretendan, además de presionarle, mantener conversaciones al respecto.

Un salto cualitativo muy importante, que se está produciendo cada vez con más frecuencia, es el de trabajadores y representantes sindicales que denuncian a su propio mando o a otro compañero o compañera de *mobbing* o de acoso laboral.

El acoso es un tema delicado y hay que tratarlo con rigor y sensibilidad.

Cada vez es más frecuente que las empresas dispongan de protocolos de gestión de conflictos que se establecen para los casos de acoso laboral, sexual o de género que puede haber en la empresa.

No estamos en contra de estos protocolos, todo lo contrario; de hecho, nosotros mismos hemos participado directamente en la redacción de varios de ellos, pero muchas veces también hemos de señalar que no nos ha parecido adecuado cómo se han aplicado.

En más de una ocasión, hemos sentido que se abrían dichos protocolos para justificar ante los representantes de los trabajadores que se estaba haciendo algo desde la empresa y no porque en verdad se quisiera solucionar un problema.

En dichos procedimientos se establece la creación de un comité conciliador, también llamado de mediación que, a nuestro juicio, con frecuencia solo sirve para debilitar la figura del mando.

En el caso en el que la persona trabajadora tenga un problema grave con un compañero o compañera, el procedimiento suele invitar a contactar con estas personas de referencia marcadas por la organización. En la gran mayoría de los casos, estas personas tienen muy buena voluntad y son de carácter conciliador, pero no suelen contar ni con el poder ni con la autoridad suficientes para gestionar estas situaciones y muchas veces se sienten vendidas, en callejones sin salida.

Nosotros somos de la opinión de que, si una persona se siente vulnerada por cualquier razón, la primera persona en saberlo debe ser su responsable directo, quien deberá gestionar la situación en primera persona. Todo trabajador debe saber que su referente para cualquier situación de problema, acoso o marginación es su responsable directo.

En el caso de que la denuncia sea hacia el propio mando, consideramos que debe ser el área de personas quien debe intervenir de manera directa en la situación.

Los acosos de todo tipo son una realidad en la vida social y empresarial y no pueden quedar impunes, pero también hemos vivido muy cerca más de un caso de acusaciones falsas por rencor o venganza y lo grave es que situaciones de este tipo destrozan vidas y trayectorias profesionales.

6.9.3. ¿Hasta dónde el jefe superior y la empresa apoyan al mando en el proceso de corrección?

Una situación que se produce con frecuencia es aquella en que los mandos se atreven a llevar adelante procesos de corrección con colaboradores indisciplinados y se encuentran solos en el camino, sin nadie que les apoye; y, lo que es más grave, cuando llega el momento de tener que aplicar una amonestación o una sanción, su responsable superior y el área de recursos humanos le dejan en la más absoluta soledad, manifestando que no es el momento oportuno, que ello les va generar conflictos con el comité de empresa o con los sindicatos y que para seguir adelante en la aplicación de la sanción se necesitan pruebas más precisas, ya que ello puede originar tensiones en la empresa. En definitiva, le recomiendan que lo mejor es que se quede quieto y no haga nada.

Y aunque esto es frecuente, nos parece aún más grave cuando un mando realiza una amenaza de sanción y luego le impiden llevarla a cabo. Esto lleva a que el mando interiorice la lección y considere que, en la próxima situación en la que un colaborador incumpla sus obligaciones o se salte una norma, el proceso de corrección o la gestión de la persona incumplidora la realizará quien quiera menos él.

Es cierto que hay muchos mandos que no asumen su función y eluden su obligación de hacer frente a las situaciones de personas que no cumplen con sus obligaciones, pero también es cierto, y aun es más grave y cada vez lo vemos con más frecuencia, que las empresas no respaldan las actuaciones de sus mandos dejándolos en el más absoluto desamparo y soledad.

6.9.4. ¿Cuál es el valor y la utilidad de una sanción para corregir un comportamiento inadecuado? ¿Hasta dónde pensamos que la sanción va a ser efectiva? ¿Va a cambiar de comportamiento el sujeto?

Son preguntas interesantes sobre las que merece igualmente la pena reflexionar. ¿Son útiles y sirven los castigos y las sanciones para corregir un comportamiento inadecuado? Tenemos grandes dudas al respecto y, si nos tenemos que decantar por una u otra opción, lo hacemos en el sentido de que, por lo general, salvo contadas excepciones, los castigos pueden valer para otros objetivos, como, por ejemplo, que no se contagien otros compañeros, pero no sirven para cambiar los comportamientos de quienes no están dispuestos a cambiar.

Entonces, si esto es así, ¿para qué las realizamos?, ¿solo para escarmiento de los demás?

Nuestra experiencia nos enseña que las personas no mejoran a golpe de vara, cuando se las castiga o cuando se las penaliza, sino todo contrario, No olvidemos que el castigo es una humillación que sufren ante sí mismos y ante los demás; los enrabieta más y hace que aumenten sus niveles de agresividad.

Reconocemos que, en algunos casos, pueden tener sus efectos beneficiosos cuando la persona trabajadora se asusta, cuando como ya hemos señalado ve las orejas al lobo, y corrige su comportamiento. También sirven para que algo no se haga, no para aprender, ni para que las personas tomen conciencia de los perjuicios que un determinado comportamiento puede tener, sino para evitar a través del miedo la realización de un acto, el cual se volverá a llevar a cabo si el miedo desaparece. Por ejemplo, las multas de velocidad sirven para que algunas personas no corran con su coche más de lo permitido y no rebasen los límites de velocidad establecidos por miedo a la sanción, pero tengamos la absoluta seguridad de que, en cuanto se quite esta o se tenga la certidumbre de que el radar no funciona, se rebasará el límite fijado. Como decíamos, las sanciones pueden servir para que algo no se haga, no para tomar conciencia de que un comportamiento es incorrecto ni para aprender. Son excepciones los que aprenden a través de los castigos.

Y, por supuesto, dado lo diversas que somos las personas, nos encontramos también con casos en los que, aun con radares en perfecto funcionamiento y con la plena aplicación de sanciones a los incumplidores, habrá quienes correrán el riesgo de quebrantar la norma establecida, al estimar que a ellos no los van a pillar, o bien que, aunque les cojan, no les importan las consecuencias que se puedan derivar, pues les da igual pagar las correspondientes multas.

Entonces, si pensamos que la persona difícil/tóxica no va a cambiar, ¿merece la pena que nos enfrentemos a ella? La respuesta es y debe ser siempre afirmativa, dado que, como hemos señalado, no debemos eludir nuestra responsabilidad, así como que habrá casos en los que poner al incumplidor frente a las cuerdas surte los efectos deseados. En definitiva, tengámoslo claro: hacer frente a los incumplimientos de las personas tóxicas es la mejor opción de la que disponemos si pretendemos evitar que ello origine un mal ejemplo y que el mal se extienda produciendo el contagio a los demás.

A modo de resumen, seamos inteligentes y llevemos a la práctica las recomendaciones y orientaciones que exponemos a continuación.

6.9.5. Orientaciones

Para terminar este capítulo, en el que hemos pretendido exponer una serie de orientaciones prácticas para gestionar personas problemáticas, nos parece oportuno presentar a modo de resumen catorce puntos que, a nuestro juicio, son claves en la gestión de personas difíciles/tóxicas. Son los siguientes:

1. Ante las dos opciones existentes:

    A. Eludir y hacer la vista gorda a los casos de incumplimiento de las obligaciones. Actitud pasiva.

    B. Gestionarlo en la forma adecuada. Actitud activa.
    No tengamos ninguna duda, debemos optar siempre por la segunda, la de hacer frente a la persona incumplidora.

2. Ámbito de actuación: En la gestión de las personas difíciles debemos considerar, dado que no es lo mismo, hacerlo en una empresa pública, en una cooperativa o en una empresa privada con elevado poder sindical donde es muy difícil sancionar a una persona incumplidora, que estar en una empresa privada en la que es posible aplicar sanciones. Por tanto, se deberá actuar en consecuencia en función de la situación y del ámbito en que en cada caso nos encontremos.

3. Prevenir antes que lamentar: No dejar que la situación de una persona trabajadora que esté incumpliendo sus obligaciones profesionales se vaya deteriorando con el tiempo.

4. Mostrar a la persona su incumplimiento: Tratar de hacerle tomar conciencia de la improcedencia de su comportamiento de forma positiva y constructiva, procurando hacerle ver que lo debe corregir por su bien, así como para evitar que pueda ser imitado por otros compañeros.

5. Dialogar, hablar una y otra vez: Hacerle ver que no tenemos nada contra su persona, sino contra su comportamiento; ganarse su confianza, buscar soluciones que puedan valer a ambas partes, tratar de convencerle, prestarle apoyo y mostrar amplias dosis de paciencia.

6. No discutir: es importante mantenerse firmes en la necesidad de que se cumpla con las obligaciones y con las normas, dialogando sin llegar a tener que discutir. En la mayor parte de las ocasiones es muy difícil hacer razonar a una persona difícil/tóxica, lo probable es que se enquiste la conversación y que la persona se mantenga en su posición. Recordar que es absurdo discutir con quien niega la realidad de una situación o con una persona tóxica, ya que, en ambos casos, tanto el uno como el otro tienen que quedar siempre con la última palabra por decir; serán ellos los últimos en hablar, ganarán por agotamiento y siempre van a considerar que la razón la tienen ellos y que han salido victoriosos del debate.

7. Tener en cuenta la personalidad del sujeto: considerar la historia que hay o puede haber detrás de la persona que debemos gestionar. Si adoptamos esta perspectiva, entenderemos mejor las situaciones y los comportamientos de muchas personas, lo cual nos llevará a ser más comprensivos, más empáticos y más efectivos.

8. Admitir que no vamos a poder cambiar el comportamiento de una persona si ella no quiere y no adopta un compromiso de cambio al respecto. Admitir que hay personas que no van a cambiar nunca hagamos lo que hagamos. Debemos saber que nadie cambia:

   • si no tiene conciencia de que lo está haciendo mal;
   • si no asume que lo está haciendo mal;
   • si no puede cambiar;
   • si no quiere cambiar;
   • si no se compromete a cambiar.

9. No perder la esperanza: es positivo y bueno para todos saber que, de vez en cuando, surgen milagros, pero tampoco hay que ser ingenuos, pues la mayor parte de las gestiones con las personas tóxicas son casos perdidos. Por tanto, debemos tratar de gestionar cada situación con los medios y las posibilidades que en cada momento podamos tener.

10. A la hora de aplicar sanciones, es importante saber que:

    • Nadie se corrige a golpe de vara, sino al contrario: se agrava el problema.
    • En algunas situaciones surten efecto cuando a la persona incumplidora se le pone ante la tesitura de una posible sanción, cuando le ve las orejas al lobo.
    • Los castigos y las sanciones sirven principalmente para dar ejemplo a los demás, no para la persona incumplidora.
    • Los castigos y las sanciones hay que reservarlos para situaciones extremas, para las faltas muy graves.
    • Debemos tener claro que resulta más efectivo potenciar el diálogo, la confianza, el apoyo personal y la paciencia que la aplicación de amonestaciones y castigos.
    • Con frecuencia, resulta más efectiva la aplicación de muestras de afecto acompañadas de ciertas dosis de humor no irónico que las llamadas de atención o las amonestaciones.

11. Asumir que la aplicación de amonestaciones y sanciones va a originar enfrentamientos, presiones, amenazas y deterioro de la relación tanto con la persona afectada como con los representantes sindicales. Las amonestaciones, las amenazas y las sanciones que en ocasiones hay que efectuar nunca son agradables para nadie y menos para las personas que las reciben, por lo que debemos llevarlas a cabo con inteligencia y tacto siempre con el fin de que los comportamientos sean corregidos.

12. Potenciar el autocontrol y la paciencia tratando de no dejarse llevar por emociones de rabia momentáneas que, tras unos minutos, se van a pasar: mostrar templanza, no irritarse.

13. En el caso de los cumplidores problemáticos:

   - Mismo proceso que el seguido con los incumplidores, pero sin llegar nunca a tener que efectuar una amenaza y menos aplicar un castigo.
   - Repetirlo periódicamente aun sabiendo que no van a cambiar.
   - Paciencia.

14. Lo que nunca hay que hacer es:

   - Una amenaza o advertencia si no se cuenta con el apoyo de dirección.
   - Una amenaza y luego no cumplirla.
   - Trasladarlo a otro departamento o puesto que dé pie a interpretar que la persona incumplidora ha salido favorecida con el cambio.
   - Permitir la presencia de los sindicatos / el comité de empresa en las conversaciones del proceso.

6.10. Gestionar a los tóxicos, cuidar a los buenos

Hemos insistido en la conveniencia, incluso en la necesidad, de hablar una y otra vez con los trabajadores difíciles y tóxicos con la confianza y esperanza de que corrijan sus comportamientos y poder así recuperarlos para el buen funcionamiento del equipo. Esta actitud y esta forma de actuar supone para los mandos que las personas tóxicas sean grandes consumidoras de un tiempo y de unas energías de las que muchas veces se carece, originando al mismo tiempo una atención a la que se pueden acostumbrar y que resulta totalmente desproporcionada a la aportación que realizan.

Si estamos convencidos de que la mayor parte de los esfuerzos que podamos realizar con estas personas van a servir de muy poco, no perdamos mucho tiempo con ellas. No son merecedoras de nuestras atenciones, de nuestros esfuerzos y de nuestro tiempo.

Cuando veamos que el problema y la persona no tienen solución, no gastemos nuestras energías en el empeño; «pasemos» de ellas, avancemos, centrémonos en los buenos trabajadores y cumplamos con nuestras obligaciones al margen de ellas. Es mejor emplear el escaso tiempo del que disponemos en aquellas personas que realmente lo merecen, que están implicadas, que necesitan y quieren nuestra ayuda.

En una etapa de nuestra vida profesional, hemos colaborado con organizaciones que se ocupan de recuperar a personas consumidoras de drogas. Hemos sido testigos de la tragedia que supone para las familias el tener un hijo o una hija drogadicta y tener que hacer frente a múltiples problemas de robo, delincuencia, ausencia prolongada del hogar y conflictos puntuales con la policía y con la justicia. Cuando esto ocurre, es frecuente, diríamos incluso que natural, que los padres se vuelquen con estos hijos tratando de que abandonen el tenebroso mundo de la drogadicción realizando para ello todos los esfuerzos que están en sus manos, al mismo tiempo que, sin querer, abandonan la atención del resto de los hijos que estudian y se comportan de forma ejemplar, los cuales con el transcurso del tiempo se sienten abandonados y reclaman, de las formas más variadas, un mínimo de atención.

Lo mismo pasa en las empresas. Con frecuencia los mandos prestan una excesiva atención a las personas problemáticas y se olvidan de los buenos trabajadores, que, al igual que los hijos buenos, reclaman un mínimo de atención.

Por tanto, tomemos buena nota de que es preciso y necesario gestionar a las personas difíciles y a las tóxicas, pero es mucho más provechoso e importante **centrarse y cuidar a los buenos trabajadores**.

6.11. Entrenemos a nuestros profesionales

Somos conscientes de que no es fácil gestionar estas situaciones, especialmente cuando hay que tratar con personas difíciles y con tóxicas, así como mantener las conversaciones necesarias con las personas problemáticas en los diferentes procesos que hemos mostrado a lo largo del presente capítulo.

Por tal razón, recomendamos a los responsables de las organizaciones, y muy especialmente a los departamentos de recursos humanos, desarrollar programas formativos dirigidos a los mandos de sus empresas de forma que les permita prepararse para afrontar y gestionar este tipo de situaciones con un mínimo de garantías de éxito. Son pocas las organizaciones que capacitan a sus mandos para ello y son muchas las personas que no saben cómo llevar a cabo una reunión o una conversación de corrección en los términos que hemos expuesto a lo largo de este capítulo, pues les resulta tremendamente violento. Es preciso que aprendan a tener conversaciones difíciles con naturalidad, ya que es parte fundamental de su trabajo y de su responsabilidad.

Para ayudar a nuestro amigo lector o lectora, en el próximo capítulo vamos a mostrar cómo efectuar la entrevista de corrección a un colaborador detallando las fases que es necesario contemplar, así como los aspectos que se deben considerar en cada una de ellas.

7

Cómo efectuar la entrevista de corrección a un colaborador. Fases para contemplar

Si pretendemos ayudar a nuestros colaboradores a progresar, debemos tratar, en primer lugar, de que tomen conciencia de los ámbitos y aspectos concretos en los que deben mejorar, así como de sus debilidades y errores más comunes, sin necesidad de dramatizar ni de hacerles sentir culpables, sino, al contrario, tratando de aprovechar la oportunidad para que adquieran experiencia y aprendan con nuestro apoyo la forma de actuar correctamente.

Enfurecerse, gritar y perder los papeles cuando uno de nuestros colaboradores ha cometido un error no es el mejor camino para corregir su equivocación; a lo más, con ello, descargamos nuestra tensión emocional, pero no producimos ninguna mejora en su comportamiento, más bien todo lo contrario.

Por ello, corregir a un colaborador que se ha equivocado, y hacerlo de una forma adecuada, tiene una metodología que vamos a presentar a través de un proceso de actuación que consideramos debe ser conocido y aplicado en la forma que presentamos a continuación.

Si pretendemos corregir a un colaborador, debemos contemplar las siguientes cinco fases siguiendo el orden que presentamos: Previa / Identificación de los hechos / Preparación de la entrevista / Desarrollo de la entrevista / Control del cumplimiento.

FIGURA 7.1
CÓMO CORREGIR

CÓMO
CORREGIR

- **FASE PREVIA**
- **FASE DE IDENTIFICACIÓN DE LOS HECHOS**
- **FASE DE PREPARACIÓN DE LA ENTREVISTA**
- **FASE DE DESARROLLO DE LA ENTREVISTA**
- **FASE DEL CONTROL DEL CUMPLIMIENTO**

Fuente: Elaboración propia.

Iniciemos el proceso con la primera de las fases:

7.1. Fase previa

Antes de corregir a un colaborador un comportamiento inadecuado, debemos:

- *Disponer de una norma clara o de un criterio de actuación* que previamente se haya establecido para su debido cumplimiento, la cual debe ser conocida de antemano y sin posibilidad de discusión. Cuando un policía de tráfico nos detiene por exceso de velocidad no, nos dice: «Usted iba muy rápido», sino que existe una norma previa, en el caso presente una señal visible que en gran tamaño pone 80, y el agente de tráfico en esta situación nos parará y dirá: «Usted iba circulando a 93 km/hora, por lo que me veo en la obligación de tener que aplicarle una sanción».

- *Tener la seguridad de que se conoce la norma.* Por si acaso, es recomendable comprobar que la persona a la que pretendemos corregir **sabe** que existe la norma, **puede** cumplirla y, en principio, **quiere** cumplirla.

- *Tener la certeza de su cumplimiento* tanto por parte de los mandos como del resto de los colaboradores.

- *Distinguir entre normas de obligado cumplimiento* que nadie podrá saltarse en ningún momento, y es suficiente con que se incumpla una vez para llamar la atención, de aquellas otras normas que, aunque deban cumplirse (para eso son las normas: para cumplirlas), tienen una relevancia menor. No podemos negar que hay normas de menor importancia y gravedad y que su gestión puede ser aplazada si no se producen de forma reiterada. Es el caso de una persona que siempre llega puntual a su trabajo y un determinado día llega con un retraso de 15 minutos. ¿Es oportuno llamarle la atención? Claramente, no.

7.2. Identificación de los hechos

Tras disponer de la norma y considerar los aspectos previos señalados en el apartado anterior, se debe proceder a la identificación y el análisis de la falta. A tales efectos, deberemos:

- *Recoger toda la información posible* al respecto. Antes de mantener la entrevista de corrección, se deben reunir todos los hechos, evidencias y datos necesarios, a poder ser de forma documental, para que puedan ser demostrados. Aquí se suele fallar mucho. Nos llama la atención el que se produzcan faltas, incluso reiteradas, que no se recojan ni se registren y cuando se acude a la persona que se ha saltado la norma para comentárselo, estos mandos solo puedan basarse en la transmisión de sensaciones y generalidades. Grave error y ello es la base de una infructuosa entrevista de corrección.

• *Investigar las posibles causas* por las cuales se haya podido cometer la falta.

• *No prejuzgar* ni formular juicios precipitados antes de reunir la información precisa. A veces es difícil para los mandos separar el hecho acontecido de la persona que ha incumplido la norma. Los afectos y las emociones suelen generar malas pasadas. Con frecuencia, a muchos mandos intermedios, les cuesta llamar la atención a una persona que antes era compañera y ahora es colaboradora, a quien es amigo, o de quien tenemos un excelente concepto, y al mismo tiempo puede costar también llamar la atención a la persona con la que se ha tenido enfrentamientos o malas experiencias pasadas, factores emocionales todos ellos que pueden condicionar al mando durante la entrevista.

• *Analizar* detenidamente la información disponible.

• *Centrarse* en los hechos objetivos, no en suposiciones.

• *Analizar y comprobar* que el incumplimiento se debe a que:

    – No sabe.
    – No puede.
    – No quiere.

7.3. Preparación de la entrevista

Una vez que dispongamos de los datos y efectuado el oportuno análisis de las causas, se procederá a preparar la entrevista-conversación que se va a mantener con la persona incumplidora, para lo cual deberemos:

• *Establecer los objetivos de la entrevista.* Los posibles objetivos que podemos considerar son los siguientes:

    – Advertir, comunicar el incumplimiento de la norma. Objetivo inicial.
    – Tratar de que acepte y asuma que se ha quebrantado el cumplimiento de una norma. Objetivo operativo ya que, sin ello, el proceso será infructuoso.
    – Lograr corregir el comportamiento indebido. Que no se vuelva a repetir. Objetivo principal, al que se llegará cumpliendo los dos puntos anteriores.

• *Prever posibles respuestas o excusas* de la persona colaboradora, así como el tratamiento que corresponde dar a cada una de ellas. Los más habituales son:

    – No asumir el problema. Discrepar de los hechos presentados.
    – Irritación.
    – Minimización del problema.

FIGURA 7.2
SABER CORREGIR

**OBJETIVOS DE UNA
ENTREVISTA DE CORRECCIÓN**

• **OBJETIVO INICIAL**
  • Comunicar el incumplimiento de la
    norma.

• **OBJETIVO OPERATIVO**
  • Tratar de que se acepte y asuma
    que se ha quebrantado el
    cumplimiento de una norma.
  • Sin ello, no procede seguir el
    proceso.

• **OBJETIVO PRINCIPAL**
  • Lograr corregir el comportamiento
    indebido.

Fuente: Elaboración propia.

   – Culpar del incumplimiento a otros compañeros.
   – Culpar a la empresa o a la dirección.
   – Acusación de trato discriminatorio.

• *Considerar la personalidad* y la previsible actitud de la persona colaboradora a la que se va a corregir. Todos los colaboradores no son iguales ni reaccionan de la misma forma ante una corrección.

• *Seleccionar el lugar más adecuado.* Conviene hacerlo a solas, en privado, tranquilos y sin interferencias de ningún tipo. Cada vez más las oficinas son de cristal, transparentes, donde todo se ve desde fuera. Estéticamente es agradable porque facilita la comunicación y la entrada de luz, pero no resultan adecuadas ni discretas para estas situaciones.

• *Determinar el momento más oportuno* para poner de manifiesto el incumplimiento. No es aconsejable hacerlo en situaciones de tensión o después de una discusión, ya que en esas circunstancias predominará más una actitud de rechazo, de defensa, que de receptividad. No conviene precipitarse, pero tampoco demorarse en exceso una vez que se dispone de los datos y hechos, ya que pierden relevancia a la hora de corregir el comportamiento.

7.4. Desarrollo de la entrevista

Tras la debida preparación, se procederá a mantener la entrevista–conversación con arreglo a los siguientes aspectos:

- Tener en todo momento claros los objetivos que se quiere lograr.

- *Realizarla en privado*, en un lugar tranquilo. No hacerla nunca delante de otros compañeros.

- *Señalar el motivo por el que se le ha llamado* y hacerlo de acuerdo con las consideraciones que exponemos a continuación.

- *Comunicar de forma explícita* y concreta el comportamiento incorrecto que debe corregir.

- *Presentar los datos y actuar sobre hechos concretos*. Ser precisos en la presentación de estos. Centrarse fundamentalmente en los hechos y no tanto en la persona. No culpabilizar ni faltar al respeto a la persona colaboradora.

- *Hacer ver la gravedad de los hechos y las consecuencias tangibles* que el comportamiento equivocado tiene para la propia persona, como es el caso de perder un ojo si no se utilizan las gafas protectoras o la vida si no se pone el casco; para la empresa o para el departamento al que pertenece, evitando generalizaciones y vaguedades del tipo: «Tellería, cuando llega usted tarde, atrasa el trabajo de sus compañeros y hace que sus compañeros se tengan que quedar más tiempo después de finalizar la jornada». No personalizar.

- *Ser justos y ecuánimes en nuestros juicios*. Mostrar paciencia y buena voluntad y no realizar nunca manifestaciones en las que la persona se pueda sentir ridiculizada ni tratada con sarcasmo. Si efectuamos alguna crítica, hagámoslo de forma constructiva.

- *Expresar de forma clara* lo que tiene que corregir.

- *Hacerlo de un modo constructivo* y con un tono respetuoso. Ser positivos en el trato y no minimizar nunca a la persona.

- *Escuchar y facilitar las explicaciones* de la persona interlocutora. Mostrar paciencia y buena voluntad.

- *Compartir en su caso la responsabilidad* del incumplimiento.

- *Lograr que la persona asuma el problema* y acepte corregirlo. Comprobar que asume el incumplimiento.

- *No avanzar* mientras la persona interlocutora no admita que existe el problema.

- *Definir la situación* deseable con claridad. Buscar y presentar soluciones.

- *Determinar las medidas de actuación* que la persona incumplidora va a adoptar al respecto.

- *Lograr su compromiso* para resolver la situación. Implicar activamente a la persona en la solución del problema.

- *Ofrecer ayuda* y colaboración.

- *Cerrar la conversación,* a poder ser, en tono positivo.

- *Redactar un acta* por escrito de lo acordado para darle seguimiento.

Estas situaciones suelen estar teñidas de emociones y las emociones son inevitables, hay que contar con ellas, pero con frecuencia transforman y tiñen la percepción llevando a errores de comprensión. A menudo, se cree por ambas partes que han entendido lo mismo, que han llegado a un mismo punto de acuerdo, para después descubrir que no ha sido así. Dejar lo acordado por escrito, aunque pueda resultar incómodo, a la larga nos ahorra y evita muchos problemas.

7.5. Control del cumplimiento

Aún no hemos terminado el proceso. En su momento establecimos las normas previas de actuación, identificamos con rigor el problema, preparamos adecuadamente la conversación que vamos a mantener con la persona incumplidora, realizamos la entrevista con arreglo a los principios de actuación señalados y ahora, como punto final, lo que procede es comprobar que la persona ha llevado a cabo sus compromisos y ha corregido su comportamiento indebido.

A tales efectos, se deberá:

- *Establecer un proceso de seguimiento y control* que nos permita determinar que la persona colaboradora ha corregido el comportamiento no deseado.

- *Reconocer de forma positiva* si observamos que la persona ha corregido su indebido comportamiento.

- Y, en el caso de que la persona colaboradora persista en el incumplimiento, se debe mantener una nueva entrevista al efecto.

Cuando se hayan mantenido dos entrevistas sin éxito, deberemos tratar el problema con nuestro superior directo y con el área de recursos humanos, y junto con ellos ver si procede hacer una advertencia de sanción o aplicar un castigo proporcional a la falta cometida.

Si seguimos fielmente las instrucciones expuestas a lo largo de estás páginas, es más que probable que, en la mayor parte de los casos, nuestras correcciones surtan efecto y, con ello, ayudaremos a progresar a nuestros colaboradores.

8

Cuidar a los buenos colaboradores y promover su desarrollo

Tal como ha quedado puesto de manifiesto en los capítulos anteriores, es necesario corregir y gestionar adecuadamente a las personas difíciles y tóxicas; no podemos eludir tal obligación, pero ello no debe ser obstáculo para no cuidar y promover el desarrollo de los buenos trabajadores. El desgaste que nos provocan los trabajadores difíciles y tóxicos hace que, muchas veces, dejemos de lado y olvidemos los buenos colaboradores, los que cumplen con sus obligaciones y todos los días nos resuelven los problemas. Gravísimo error.

Al mismo tiempo, hoy en día contamos en nuestras organizaciones con personal más preparado y capacitado que nunca: contamos con hombres y mujeres con excelente formación técnica, que hablan varios idiomas, que tienen amplios conocimientos tecnológicos, y, sin embargo, sus aportaciones a sus respectivas organizaciones son muchas veces escasas y, ni de lejos, se acercan a lo que podrían dar. Se está produciendo, consideramos que, de forma involuntaria, un despilfarro del valor de las personas con las que contamos.

Si queremos optimizar las capacidades de las personas que forman parte de nuestros equipos y evitar un evidente despilfarro, es necesario potenciar el desarrollo profesional de todas ellas, pero muy especialmente de aquellas que más aportan y que se sienten más identificadas con los objetivos de la empresa. Para ser mejores, más eficientes y aportar valor a nuestra oferta empresarial, es necesario —diríamos que es absolutamente imprescindible— contar con personal más preparado, comprometido e implicado, de forma que se pueda y permita optimizar las capacidades de las personas trabajadoras de nuestras organizaciones.

Muchas empresas estiman que necesitan más y nuevos recursos para ser competitivos, y olvidan en buena medida que gran parte de esos recursos, los más importantes, ya los tienen, pero están desaprovechados. Son muchos los empresarios, que pretendiendo potenciar la competitividad, se centran en factores tecnológicos y productivos y se olvidan de las personas que integran su organización empresarial.

Debemos evitar el derroche y el despilfarro que la mayor parte de las organizaciones realizan con respecto a las personas que tienen, así como tratar de implicarlas y hacer que se comprometan a través de la potenciación de procesos participativos.

Hemos pasado de hacer trabajos de carácter manual para los que se requería un gran componente físico a la realización de trabajos en los que el principal componente es el intelectual; hemos pasado de realizar trabajos en cadena y en procesos muy automatizados a desempeñar trabajos que requieren de un mayor análisis y reflexión; hemos pasado del trabajo individual al trabajo en equipo; de dependencias estructurales jerárquicas bajo la vigilancia de un jefe o jefa a actuar en estructuras funcionales donde intervienen varios responsables de forma simultánea y, finalmente, estamos pasando del control al autocontrol, donde cada vez es más frecuente observar que son los propios trabajadores quienes efectúan el propio control de su trabajo, ya que disponen de sistemas de medición que les permiten saber la cantidad y calidad de las tareas que realizan. Para ello, se precisa contar con personal capacitado y preparado.

En este nuevo marco de trabajo los perfiles necesarios de las personas y el modelo de relación con ellas no puede ser el mismo que se ha utilizado durante los últimos años; hace falta contar con las personas, integrarlas en los procesos productivos y operativos, lograr su compromiso; y, para ello, es necesario potenciar su desarrollo profesional y su participación en los procesos de trabajo.

Dicho esto, es conveniente y necesario que nos formulemos una serie de preguntas tales como las siguientes: ¿optimizamos las capacidades y aptitudes de las personas que integran nuestro equipo? ¿Nos aportan todo lo que nos podrían dar? La respuesta a ambas preguntas, a nuestro juicio, es clara: no. Existe, como hemos dicho, un evidente despilfarro de las capacidades y aptitudes de nuestros colaboradores, un claro desequilibrio entre lo que nos dan y lo que nos podrían dar. Hay investigaciones que señalan que las empresas no llegan a obtener ni el 50% de las capacidades de las que disponen sus trabajadores. Los tenemos a nuestro lado y, sin embargo, los desaprovechamos.

Debemos tener claro que la «calidad» del personal es, hoy más que nunca, un factor esencial en una política de renovación tecnológica, de mejora de la competitividad, así como para resolver la compleja problemática existente en nuestras empresas en la actualidad.

Por todo ello, es necesario contar con profesionales debidamente preparados en los diversos frentes operativos: técnico, comercial, organizativo, productivo, financiero, directivo y, por supuesto, en el de personal.

Y, desde esta situación, tenemos una nueva pregunta que nos debemos formular y es la siguiente: ¿a quién corresponde potenciar el desarrollo de los colaboradores? La respuesta de nuevo es clara y evidente: en primer lugar, al mando directo de estos y, de forma complementaria, casi en paralelo, a la propia organización representada por la dirección general y el área de recursos humanos.

Son muchos los mandos que eluden tal responsabilidad y cometen el grave error de pensar que el desarrollo de las personas es una tarea, una competencia exclusiva del área de recursos humanos, y ello no es correcto. La mencionada área está para establecer las políticas de personal de la empresa, para apoyar, orientar, asesorar y facilitar los medios y los recursos necesarios a los mandos para que favorezcan el desarrollo de sus colaboradores.

FIGURA 8.1

DESARROLLO DE COLABORADORES

TOMAR CONCIENCIA DE LA NECESIDAD-IMPORTANCIA DEL DESARROLLO DE LOS COLABORADORES.

ASUMIR LA OBLIGACIÓN-RESPONSABILIDAD DE DESARROLLAR A LOS COLABORADORES.

POTENCIAR EL TALENTO Y AYUDARLES A CRECER COMO PROFESIONALES.

SACAR LO MEJOR DE LOS COLABORADORES.

TENER UN PLAN DE TRABAJO DE DESARROLLO DE COLABORADORES INDIVIDUAL Y COLECTIVO.

Fuente: Elaboración propia.

Por tanto, los mandos deben tener claro que es a ellos a quien corresponde el desarrollo profesional de los colaboradores a su cargo y, tal como hemos señalado con anterioridad, de forma muy específica a los buenos profesionales, para lo cual deben tomar conciencia y asumir la responsabilidad de que tal desarrollo es una de sus principales obligaciones directivas.

Por ello, una de las áreas en la que todo mando debe ejercer un dominio cada vez más preciso es en la gestión de personas difíciles, problemáticas o tóxicas y en el desarrollo profesional de todos aquellos colaboradores que tengan potencial para ello, lo cual requiere que los mandos potencien habilidades de liderazgo, trabajo en equipo, motivación y comunicación, competencias de reconocido interés especialmente si se tiene en cuenta que una de las principales funciones de todo mando responsable es la de dirigir y desarrollar con la mayor eficacia el equipo humano puesto a su cargo.

Llegado a este punto nos debemos plantear: ¿qué debe hacer un mando para potenciar el desarrollo profesional de todos sus colaboradores y, muy en especial, de los buenos profesionales? ¿Qué acciones se pueden y deben contemplar al efecto? Pues bien, vamos a exponer a continuación lo que procede realizar.

En primer lugar, ya lo hemos señalado, es **asumir que tal competencia le corresponde a él/ella en primera persona**. Luego se podrá necesitar y requerir el apoyo de los mandos superiores o del área de recursos humanos, pero esa es otra cuestión.

A partir de aquí debemos establecer un plan de desarrollo de los colaboradores que forman parte de nuestro equipo, tanto desde una perspectiva individual como colectiva, en el que contemplemos los siguientes aspectos:

1. *¿A quién contemplar e integrar en el plan de desarrollo?* A todas las personas que forman parte del equipo, pero muy en especial a las personas que consideramos que son los pilares del departamento, a las que efectúan una mayor aportación en el desempeño de las tareas y en el logro de los objetivos, a las más implicadas y comprometidas con el proyecto empresarial, a las que tengan proyección de futuro y, muy importante, a las que tengan más ganas de mejorar y progresar profesionalmente.

   No merece la pena gastar tiempo, energías y recursos ni poner mucho empeño con aquellas personas que ya no tienen pretensiones de desarrollo profesional ni con las que se han automarginado del núcleo del equipo principal y, por supuesto, con las personas difíciles y tóxicas que no van a aprovechar ningún apoyo que se les facilite.

   A tales efectos, estableceremos en primer lugar y de forma particular, con la mayor discreción posible, sin que trascienda en absoluto, la relación de las personas definidas como claves, con las cuales vamos a llevar a cabo de forma preferente el plan de desarrollo profesional específico. En segundo lugar, y de forma paralela, se deberá elaborar otro plan complementario dirigido a la totalidad de los trabajadores.

2. *Objetivos a lograr.* Conviene expresar de forma explícita los objetivos que deseamos y pretendemos lograr con el colectivo de personas colaboradoras que forman parte del equipo, pero especialmente, y de forma particular e individualizada, con cada una de las personas colaboradoras identificadas como preferentes.

3. *Plazo en el que pretendemos desarrollar el plan.* Recomendamos establecer un plan a tres años, si bien se deberá seguir y controlar anualmente actualizándolo en los aspectos que en cada caso se estime oportuno.

4. *Aspectos que contemplar en el plan individualizado.* El plan individualizado se iniciará con un diagnóstico personal donde se detallarán:

   • Determinación del punto de partida, de la situación actual:

     – Puntos fuertes de la persona.
     – Puntos débiles o áreas de mejora.

   • Determinación de la situación deseada u objetivo.

   • Ámbitos que considerar en el plan de desarrollo:

     – Conocimientos: Sabe
     – Técnicos.
     – Comerciales.
     – Comunicación.
     – Negociación.

- Idiomas.
- Otros.

- Aptitudes: Puede

  - Experiencia.
  - Eficiencia.
  - Iniciativa.
  - Toma de decisiones.
  - Asumir responsabilidades.
  - Cumplimiento de compromisos.
  - Trabajo en equipo.
  - Autonomía.
  - Gestión prioridades.
  - Organización.
  - Comunicación.

- Compromiso/Implicación: Quiere

  - Motivación.
  - Compromiso.
  - Persistencia.
  - Cooperación / Apoyo.

5. Herramientas a considerar a nivel de desarrollo individual

   - Formación:

     - Competencias que mejorar (técnicas/directivas)
     - Necesidades para el futuro.
     - *Coaching* personal.

   - Carrera profesional / promoción:

     - Trabajo.
     - Funciones claras y objetivos retadores.
     - Mayores responsabilidades / dirección de proyectos.
     - Gestión de prioridades.
     - Delegación / participación / Toma de decisiones.
     - *Feedback* de apoyo y de corrección.
     - Información.
     - Motivación.
     - Rotación de puestos.
     - Evaluación del desempeño / Conversaciones de mejora.

6. Aspectos que contemplar en el plan colectivo

   - Compartir objetivos comunes.
   - Eficiencia / cohesión.
   - Cooperación.

- Comunicación / información.
- Reuniones de colaboradores
- Clima de trabajo.

7. Herramientas que considerar para el desarrollo colectivo

- Trabajo en equipo.
- Gestión de procesos.
- Gestión de proyectos.
- Gestión de conflictos.
- Gestión del tiempo.
- Dirección de reuniones.

A lo largo del presente libro hemos tratado de poner de manifiesto la forma de gestionar a las personas difíciles y tóxicas, objetivo principal al que hemos tratado de dar cumplida respuesta, al mismo tiempo que hemos procurado mostrar las dificultades existentes, resaltando que, si bien es necesario gestionar a las personas difíciles, también es necesario contemplar y motivar a los buenos colaboradores potenciando su desarrollo profesional.

Por ello, nada mejor para terminar que exponer los ejes de actuación y las claves principales que hemos desarrollado a lo largo del libro y que son los siguientes:

- Tener la plena convicción y asumir la responsabilidad de que entre las opciones de eludir y hacer la vista gorda a los incumplimientos de algunos trabajadores (actitud pasiva) y gestionar estas situaciones en la forma adecuada (actitud activa), debemos optar siempre por la segunda.

- Admitir que hay personas que no van a cambiar nunca hagamos lo que hagamos. Es positivo y bueno para todos no perder la esperanza; es cierto que de vez en cuando surgen milagros, pero no hay que ser ingenuos y no merece la pena realizar esfuerzos con quienes no los merecen o se piensa que van a ser estériles.

- Considerar el ámbito en el que nos tenemos que desenvolver: sector público, cooperativa o sector privado, tratando de gestionar cada situación con los medios y posibilidades con los que en cada momento podamos contar.

- Tener claro que es más efectivo y resulta más provechoso potenciar el diálogo, la confianza, el apoyo personal y la paciencia que la aplicación de amonestaciones y castigos.

- Las sanciones y los castigos que, en ocasiones, hay que aplicar, es mejor reservarlos para situaciones graves y extremas.

- Si bien es preciso gestionar a las personas difíciles / tóxicas, es mucho más provechoso e importante centrarse y cuidar a los buenos trabajadores.

Ánimo y mucha suerte.

Bibliografía

ALLES, M. A. (2005). *Desempeño por competencias: Evaluación de 360º*. Ediciones Granica.

– (2005). *Gestión por competencias: El diccionario*. Ediciones Granica.

– (2005). *Selección por competencias*. Ediciones Granica.

AMERICAN PSYCHOLOGICAL ASSOCIATION (2024). *Work in America 2024 report*. https://www.apa.org/pubs/reports/work-in-america/2024/psychological-safety

ARANZADI, D. (1995). *El arte de ser líder empresarial hoy*. Federación de Cooperativas.

BERNSTEIN, A. J. (2012). *Vampiros emocionales: Cómo reconocer y tratar con esas personas que manipulan nuestros sentimientos*. Editorial Edaf.

BIOSCA, D. (1990). *Dirigir con eficacia*. Editorial Ciencias de la Dirección.

BITTEL, L. (1987). *Lo que todo supervisor debe saber*. McGraw-Hill.

– (1996). *Curso McGraw-Hill de Management*. McGraw-Hill.

BLAKE, R. R., MOUTON, J. S. y ALLEN, R. (1990). *El trabajo en equipo: Qué es y cómo se hace*. Editorial Deusto.

BOTERF, G. L. (2001). *Ingeniería de las competencias*. Gestión 2000.

BRINKMAN, R. y KIRSHNER, R. (2018). *Cómo tratar con gente complicada*. Editorial Aguilar.

BURKUS, D. (2017). *Bajo una nueva gestión*. Empresa Activa.

CARREÑO, P. (1991). *Equipos*. Editorial A. C.

– (1994). *Jefes*. Editorial A. C.

– (1994). *Líderes*. Editorial A. C.

CLEARY, T. (1995). *El arte del liderazgo*. Editorial Edaf.

COSTA, J. y López, M. (1997). *Los secretos de la dirección*. Editorial Pirámide.

COVEY, S. R. (1990). *Los 7 hábitos de la gente eficaz*. Editorial Paidós.

— (1993). *El liderazgo centrado en principios*. Editorial Paidós.

— (2005). *El octavo hábito*. Editorial Paidós.

DAWSON, R. (1994). *Decidir lo correcto*. Editorial Grijalbo.

DOUGLASS, J. y DOUGLASS, J. (1996). *El management del tiempo en el trabajo en equipo*. Paidós Empresa.

DRUCKER, P. (1977). *Reflexiones para un director*. Editorial A. P. D.

ECHEVERRÍA, R. (2008). *Actos de lenguaje. Volumen I: La escucha*. Ediciones Granica.

GALLUP (2021). *The wellbeing-engagement paradox of 2020*. Gallup.com. https://www.gallup.com/workplace/336941/wellbeing-engagement-paradox-2020.aspx

GARCÍA DEL JUNCO, J. y BRÁS DOS SANTOS, M. (2016). *Habilidades directivas*. Ediciones Pirámide.

GARCÍA, J. M. y DOLAN, S. L. (1997). *La dirección por valores*. McGraw-Hill.

GAWANDE, A. (2011). *El efecto checklist*. Antoni Bosch Editor.

GELINIER, O. (1973). *Funciones y tareas de dirección general*. Editorial Tea.

— (1989). *Estrategia y motivación*. Editorial Civilización.

GOLEMAN, D. (2015). *Cómo ser un líder*. Ediciones B.

GREENBERG, M. (2018). *Mindfulness y neuroplasticidad*. Editorial Sirio.

HODGGETTS, R. (1989). *El supervisor eficiente*. McGraw-Hill.

JAURRIETA, J. (2022). *Actitudes tóxicas*. Editorial Uno.

KEPNER, C. H. y TREGOE, B. B. (1979). *El directivo racional*. McGraw-Hill.

KÜPPERS, V. (2016). *Vivir la vida con sentido*. Plataforma Editorial.

LALOUX, F. (2016). *Reinventar las organizaciones*. Editorial Arpa.

LENCIONI, P. (2003). *Las cinco disfunciones de un equipo*. Ediciones Urano.

LEVY-LEBOYER, C. (1997). *Gestión de las competencias*. Gestión 2000.

LOLCKE, E. A. (1994). *Sea un gran líder*. Editorial Vergara.

LUECKE, R. (2007). *Gestión del desempeño*. Editorial Deusto.

MAHONY, T. (2009). *El poder de las palabras*. Editorial Desclée de Brouwer.

MANNIX, K. (2023). *Las palabras que importan*. Siruela.

MARINA, J. A. y RAMBAUD, J. (2018). *Biografía de la humanidad*. Ediciones Ariel.

MARTÍN, S. (2024). *Sintoniza tu equipo*. ESIC Editorial.

McCORMACK, M. (1985). *Lo que no le enseñarán en la Harvard Business School*. Editorial Grijalbo.

McGREGOR, D. (1972). *El aspecto humano de las empresas*. Editorial Diana.

McQUAIG, J. (1975). *Cómo motivar a la gente*. Editorial Logos.

MINTZBERG, H. (1991). *Mintzberg y la dirección*. Editorial Díaz de Santos.

MURO, I. (2008). *Esta no es mi empresa*. Editorial del Economista.

OWEN, N. (2003). *La magia de las metáforas*. Editorial Desclée de Brouwer.

PAPIN, R. (1987). *El libro del dirigente profesional*. Editorial Ciencias de la Dirección.

PARKER, G. y KLEEMEIER, R. (1985). *Jefes y mandos intermedios*. Editorial Hispano Europea.

PATTAKOS, A. y DUNDON, E. (2018). *Prisioneros de nuestros pensamientos*. Plataforma Actual.

PINK, D. H. (2010). *La sorprendente verdad sobre lo que nos motiva*. Gestión 2000.

PIÑUEL, I. (2004). *Neomanagement: Jefes tóxicos y sus víctimas*. Editorial Aguilar.

PORRET GELABERTE, M. (2012). *Gestión de personas*. ESIC Editorial.

RANDOLPH, W. A. y POSNER, B. Z. (1989). *El arte de gestionar y planificar en equipo*. Editorial Grijalbo.

RANDSTAD RESEARCH (2024). *Informe absentismo laboral: Cuarto trimestre 2023*. https://www.randstadresearch.es/absentismo-laboral-cuarto-trimestre-2023/

RANDSTAD RESEARCH (2025). *Informe absentismo laboral: Cuarto trimestre 2024*. https://www.randstadresearch.es/absentismo-laboral-cuarto-trimestre-2024/

REDORTA, J. (2018). *La estructura del conflicto*. Editorial Almuzara.

RIBEIRO, L. (1997). *El éxito empresarial*. Editorial Urano.

RICOMÁ, J. y PONTI, J. (2004). *¡No somos recursos, somos humanos!* Editorial Granica.

RIESGO, L. (1988). *Los diez puntos fuertes de las empresas que triunfan*. Ediciones Mensajero.

ROSENBERG, M. B. (2013). *Comunicación no violenta: Un lenguaje de vida*. Gran Aldea Editores.

SARATXAGA, K. (2004). *¿Sinfonía o jazz?* Editorial Granica.

— (2007). *Un nuevo estilo de relaciones*. Prentice Hall.

STAMATEAS, B. (2008). *Gente tóxica*. Ediciones B.

TIMPE, D. (1989). *Motivación del personal*. Plaza & Janés.

URCOLA, J. L. (2010). *Dirigir personas: Fondo y formas* (6.ª ed.). ESIC Editorial.

— (2010). *La revolución pendiente*. ESIC Editorial.

URCOLA, J. L. y URCOLA, N. (2013). *Dirección y sensibilidad*. ESIC Editorial.

— (2015). *Manual de comunicación empresarial*. ESIC Editorial.

— (2017). *Dirección participativa*. ESIC Editorial.

— (2020). *Las claves de la dirección*. ESIC Editorial.

— (2024). *La construcción de equipos*. ESIC Editorial.

VILASECA, B. (2016). *Claves para ser un líder consciente*. *El País*. https://elpais.com/elpais/2016/02/04/eps/1454610316_353471.html

VROOM, V. H. (1990). *El nuevo liderazgo*. Editorial Díaz de Santos.